JR東日本の挑戦

新世代オープンイノベーション

生活者起点で「駅・まち・社会」を創る

東日本旅客鉄道 入江洋
アーサー・ディ・リトル・ジャパン 原田裕介

日経BP

JR東日本の挑戦

新世代オープンイノベーション

生活者起点で「駅・まち・社会」を創る

はじめに

気候変動問題や少子高齢化など、様々な社会課題が顕在化している。そして、その解決のためには、社会や産業のシステムの転換が求められている。このような大きな変革期においてモビリティはどうあるべきか。こういった1社単独ではなしえないような変革をどのように実現していくべきか。現在、こうした大きな課題に対峙することがあらゆる産業・企業に求められている。

東北、関東、信越といった広範囲において鉄道インフラ事業を手掛ける、東日本旅客鉄道株式会社（以下、ＪＲ東日本）もこの課題に対峙していた。ＪＲ東日本は２０１６年末、「モビリティ革命」の実現を目指した〝技術革新中長期ビジョン〟を発表したが、その実現に向けては従来の枠を超えたイノベーション創出活動が必要であった。「モビリティ変革コンソーシアム（Mobility Innovation Consortium、以下ＭＩＣ）」はそのような環境認識の中で、オープンイノベーションの新しい取り組みとして開始したものである。

ＭＩＣは２０１７年10月に設立、当初から第1フェーズの区切りを5年間と決めてスタートした。オープンイノベーションを1対1ではなくN対Nで、しかもアジャイル（機敏）に進めようというこれまでにない試みである。現在は約１３０社が参加する大規模なオープンイノベーションのプラットフォームとして機能しており、様々な成果も出ている。

スタート当初は、まだMaaS（Mobility as a Service）や新型コロナウイルス禍という言葉もなく、東京オリンピックの開催を２０２０年に控え、世の中がその準備に慌ただしく動いていた時期であり、その後にやって来る社会環境の世界的な大変化など想像もできなかった。少子高齢化が確実に進む中で、地方エリアにおける移動の確保、一方、都市エリアでは人の集中による混雑が社会課題の1つとなっていた。そうしたいくつもの社会課題の解決を図るべく数々の実証実験をスタートさせた。

私自身、コンソーシアムの運営に携わる前からMaaSに関するアプリを試したり、スマートシティの世界的な展示会における最新動向の調査、中国の交通政策や技術開発を直接体験したりしながら、何が日本に必要なのか、どうすれば課題先進国における日本の社会課題を解決できるのかについていつも考えていた。その後、コロナ禍が始まった。コロナ禍がここまで拡大し継続することは想定外であったが、リモートワークの急激な浸透や様々な行動様式の変化など、この間不可逆的と考えざるを得ない社会の変化も数多く現れている。そうした外部環境の大きな変化にも対応しつつ、このコンソーシアムでは地道ではあるが精力的に、参加しているメンバーと共に数多くの実証実験を進めてきた。活動を継続できたのは、ひとえに参加メンバーの熱意と努力のたまものであると思う。

次期コンソーシアムをスタートする前に、この5年間を振り返り、オープンイノベーションへの取り組みとはどういうものであったか、またコンソーシアムはそのプラットフォームになり得たか、という根源的な問いが頭から離れなかった。そこでコンソーシアム全体の戦略パートナーとして設立前から連携しているアーサー・ディ・リトルのメンバーに声をかけ、これまでの活動を振り返りつつ、その総括を図ってより質の高い発射台から次のフェーズに移行しようという狙いで本書をまとめることになった。

本書は大きく分けて3つのパートによって構成している。第1章、第2章では、不確実性の時代に求められる社会・産業システムの課題に対して、どのようなイノベーションが必要かをまとめた。時代の変化に合わせたイノベーションの進化の在り方を大きな視点で考察したものである。

第3章、第4章では、MICの考え方、実際の活動事例を紹介し、オープンイノベーションによる課題解決の実例から、どのような成果が得られたのかを提示している。コンソーシアムという傘の下、各プロジェクトに参加したメンバーが、どのような考えおよび体制で、社会課題に取り組んだのかを詳説する。

第5章、第6章では、N対Nのオープンイノベーションを成功させるための7つの条件と、MICの次期構想、N対Nのオープンイノベーションがこれからの社会・産業変革にどう役立っていくのかを展望した。

本文中にも出てくるが、これまで一般的な1対1の開発などの取り組みではなく、課題の認識やテーマの設定、その実行までN対Nで進めてきたのがこのコンソーシアムである。いわばオープンイノベーションのプラットフォームとして、エコシステムを生じさせようとしたともいえるものである。

もちろん過去にこうした取り組みは全く経験がないため、時に困惑し、時にコンフリクトの発生もあったがいずれも参加者同士での話し合い、建設的な検討によって乗り越えてきた。このコンソーシアム自体が1つの大きな社会実験ともいえるかもしれないが、本書が日々イノベーションの実現に取り組んでおられる方々の日常の業務に少しでも役に立つことがあれば幸いである。

東日本旅客鉄道株式会社
イノベーション戦略本部
モビリティ変革コンソーシアム事務局長
入江　洋

目次

第4章 エコシステム型オープンイノベーションによるMIC の課題解決事例

第1章

あらゆる人が変革に関わる時代

5つの社会的背景の変化が社会・産業システムの革新を促す

私たちを取り巻く世界は激動の時代に突入している。新型コロナウイルス禍や国際紛争、気候変動問題、少子高齢化など、社会環境が大きく変化し、社会課題が顕在化してきた。その一方で、AI（人工知能）や量子コンピューターなど革新的な技術が生まれている。「将来の予測が困難なVUCA（変動性・不確実性・複雑性・曖昧性）と言われる時代における社会課題の解決」という「時代の要請」に応えるためには、従来のような個別企業による製品開発や顧客との共創といった視点だけでは難しくなってきている。このため、幅広いプレーヤーと課題解決のためのビジョンを共有し、どのようにしたら課題が解決できるのかを社会や産業の仕組みの枠を超えて考え直す必要がある。

こうした取り組みは国内でもいくつか登場し始めている。例えば、2019年ごろから始まったソフトバンクとトヨタ自動車の合弁会社Monet Technologiesによる「Monetコンソーシアム」、社会課題を解決する新ビジネスの創出を目的とした三菱地所と独ソフト大手SAPの日本法人であるSAPジャパンによる「Inspired.Lab」などだ。このような取り組みは、複数の企業が業種を超えてオープンに協働し、イノベーションを生み出そうとする点に特徴がある。個別企業が製品やサービスを開発するのではなく、コンソーシアムやラボに様々なプレーヤーが結集し、主従関係なくN対Nの企業がオープンイノベーションで共創することで、新たな価値や成果を生み出そうとするものである。

そうした動きの先駆けとなった日本初の取り組みがある。それが、2017年9月に伝統的な大企業である東日本旅客鉄道（以下JR東日本）がスタートさせた「モビリティ変革コンソーシアム（Mobility Innovation Consortium：MIC）」である。これは、Monetコンソーシアムや Inspired.Labよりも先に始まった大規模な取り組みであり、その後に続く様々なオープンイノベーションのモデル的な役割を果たしている。通常ではあり得なかった多様な産業界やあるいは大学の研究室やスタートアップ、さらには自治体・地域や周辺住民までを巻き込みながら、モビリティの在り方や周辺エリア・技術、その存在価値から変えようとする活動である。

JR東日本はこれまでも、多数のサプライヤーと個別に協働して様々な製品やサービスを生み出してきた。しかし、MICはそれらとは次元を異にするものである。日立製作所、日本電気（NEC）、日本電信電話（NTT）、KDDI、凸版印刷、私鉄各社といった異なる業種の大企業はもとより、これまであまり協業することのなかった新興のスタートアップやコンサルティング会社、あるいは鉄道事業とは一見接点がなさそうな企業が同じネットワークに集い、さらには連携して、共通の社会課題を解決するという活動である。社会課題を一緒に解決する、あるいはこれらに貢献するという視点で、アカデミアや地域までを巻き込む大きな活動に発展している。

第1章では、JR東日本がなぜこうした革新的なエコシステムを構築して新世代のオープンイノベーションに取り組むことになったのか、その背景や意図を紹介する。

同社がMICをスタートさせることとなった背景には、次のような5つの社会・産業・生活への洞察がある。

①3つのパラダイムシフトが同時に起きている前例のない時代
「ICT変革」、「産業変革」、そして（多くの社会要請や革新技術を伴う）「社会変革」が同時に

②イノベーション創造の在り方の大きな変化
「ものづくり／製品開発」、「コトづくり／顧客共創」、そして、「場づくり／エコシステム」構築へ

③産業の枠組みを超えた自社提供価値の見直しと新たな事業領域の現出
「ステーションtoステーション」から「ドアtoドア」、さらには「サービス展開」へ

④「人中心」の社会・産業構造への展開
「バリューチェーン終点の消費者」から「ネットワーク中心の生活者」へ

⑤都市機能やサービスの進化に必要な2つの枠組みのリデザイン
「産業や都市機能の融合（コンバージェンス）」と「公共と民間の境目の調整（シフト）」

①3つのパラダイムシフトが同時に起きている前例のない時代

「ICT変革」、「産業変革」、そして（多くの社会要請と革新技術を伴う）「社会変革」が同時に

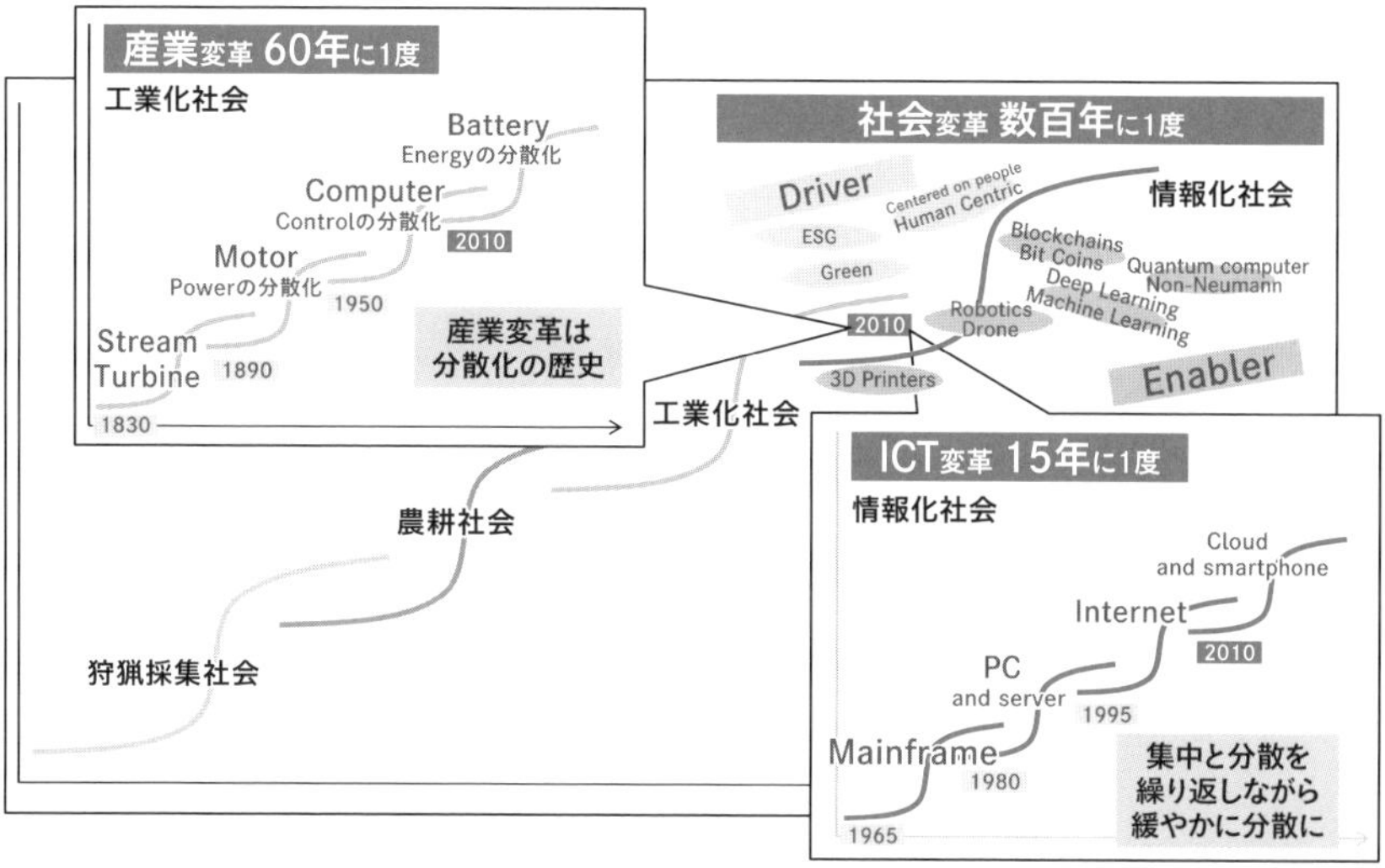

2010年ごろから、「数百年に1度の社会変革」「60年に1度の産業変革」「15年に1度のICT変革」が重なる稀有(けうう)な時代に突入した(出典:Mori,K.(2014)“Concept-Oriented Research and Development in Information Technology” , John Wiley & Sons,Arthur D.Little added comments and analysis on the source.)

まず、1つ目は、「数百年に1度の社会変革」と「60年に1度の産業変革」と「15年に1度のICT変革」という3つのパラダイムシフトが同時に起きているという大局観である。

「数百年に1度の社会変革」とは、狩猟採集社会から農耕社会、工業化社会へと移ってきた人類の大きな変革のことである。今は工業化社会から情報化社会への巨大な変革が起きている真っ最中にある。

「60年に1度の産業変革」とは、変革により経済をけん引する中心的な産業の変化だ。蒸気機関、タービン、自動車、コンピューターという変化の流れを経て、2010年ごろから再生可能エネルギーや、分散型エネルギーに象徴されるようなエネルギーの変革が始まった。より重要な視点は、パワー、コントロール、エネルギーのいずれの変革も分散化の歴史であるということだ。

「15年に1度のICT変革」とは、コンピューティングの世界で起きている変革を指す。メインフレームからPC、インターネットという変革の後に、2010年あたりからクラウド、スマホが登場したことによってコンピューティングの前提が根底から変化しつつある。ICT変革においても、集中と分散を繰り返しながらゆるやかに分散化しているのである。

重要なのは、今はこれら3つの大きな社会変革が同時に重なった状態であり、極めて大きな変化の最中にあるという認識である。しかも、その変革はまだ始まったばかりである。

その結果、社会に必要な機能や価値の実現を可能にする革新技術（イネーブラー）と、ESG（環境・社会・ガバナンス）や少子高齢化など時代をけん引する社会要請（ドライバー）が、あらゆる分野で同時多発的に登場している。複雑化し、簡単に解決できない大きな社会課題を解決するためには、これらのイネーブラーとドライバーの相互作用をうまく活用することが望まれている。また、業種を問わずあらゆる企業に新たな価値の創造が求められており、あらゆる人が変革に関わる時代になっている。

②イノベーション創造の在り方の大きな変化

「ものづくり／製品開発」、「コトづくり／顧客共創」、そして、「場づくり／エコシステム」構築へ

2つ目の「イノベーション創造の在り方の大きな変化」とは、社会課題を解決するための枠組みが大きく変化していることを指す。これまで国や自治体などの行政が担ってきた社会課題解決を、民間が主体となって進めていく枠組みである。その一つの考え方として、CSV（Creating Shared Value）があり、これは自社の事業で社会的課題を解決することにより、経済価値と社会価値を同時に創造しようとする企業

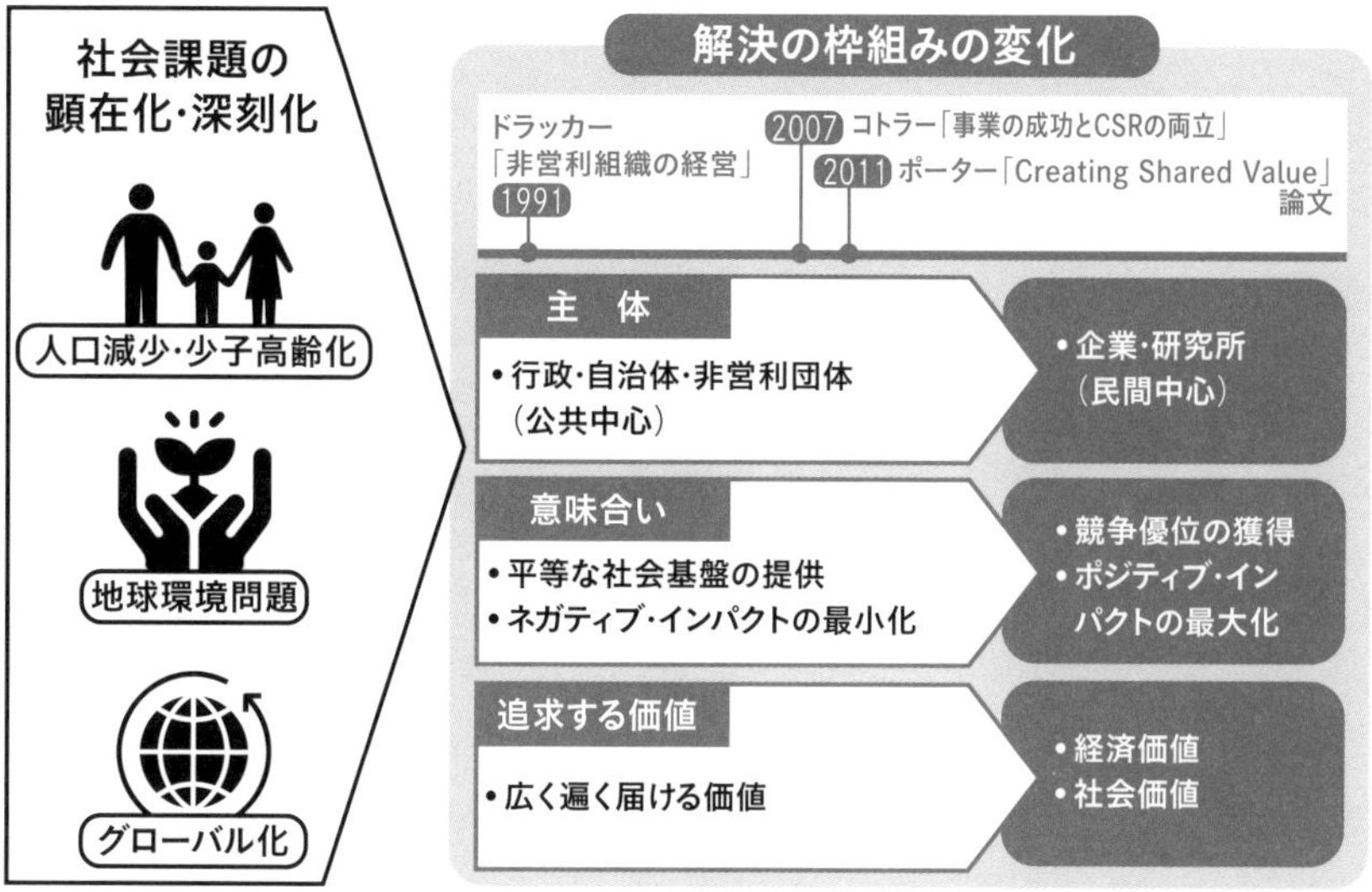

社会課題の顕在化・深刻化に伴い、企業主体の社会課題解決が進んでいる（出典：アーサー・ディ・リトル）

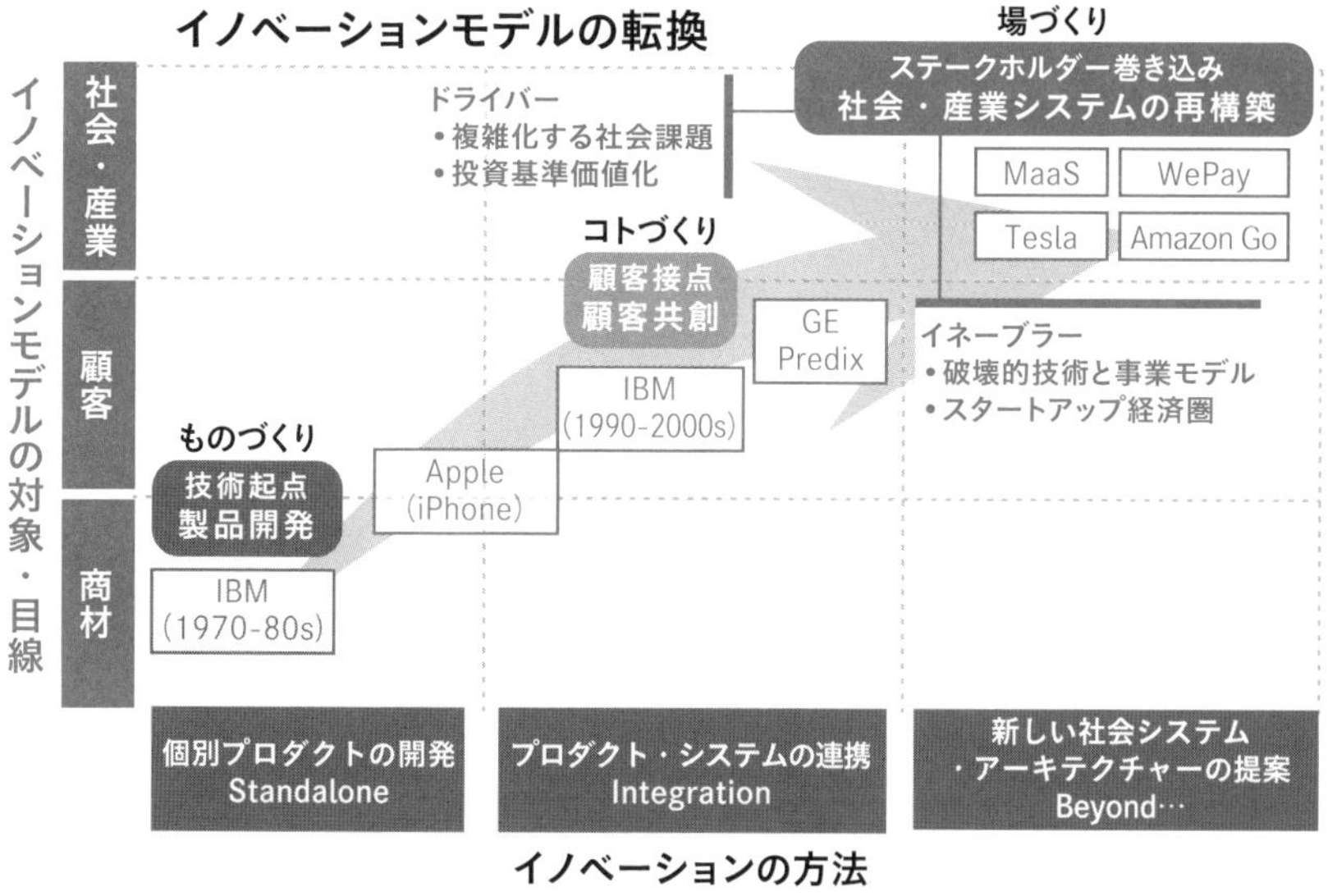

時代と共にイノベーションモデルの転換が進んでいる。個別製品の開発から顧客共創を経て、「社会・産業システムの再構築」が始まった（出典：アーサー・ディ・リトル）

戦略の1つの選択肢といえる。言ってしまえば、社会的課題解決のビジネス化という試みである。

また、イノベーションを創造するモデルにも転換が起きている。1980年代には「商材サービス開発による価値創造」が主流だったが、1990年代以降は「顧客との共創による価値創造」が求められるようになり、2010年以降は「社会産業構造そのものの変革」が始まっている。これは1社の努力では不可能であり、多数の企業が協働して大きな価値創造を生み出す流れが必要になる。投資家もそうした企業に好んで投資するようになったことも、この変化を後押ししている。〝ものづくり〟の次に〝コトづくり〟が現れ、それがさらに「〝場づくり〟による価値創造」のモデルが求められている。

③産業の枠組みを超えた自社提供価値の見直しと新たな事業領域の現出
「ステーションtoステーション」から「ドアtoドア」、さらには「サービス展開」へ

3つ目の社会背景である「自社提供価値の見直し」とは、従来のような業界ごとの垣根の中での価値創造から、既存の産業区分にとらわれない広範な価値創造へと変革していることを指す。

例えば、クルマという商品を作ってきた自動車メーカーは、モビリティカンパニーとして「人やモノの移動を担うサービス」を創造する企業へと変革しつつある。宅配事業者は「社会見守りのプラットフォーマー」、物流事業者は「リアル世界の検索エンジン」という具合に、企業は相次いで自身のビジネスを再定義している。

海外の鉄道事業でもこうした先進的な取り組みが生まれている。例えば、ドイツ鉄道（DB）は2011

年に鉄道ビジネスを根底から変革するような発表を行った。これまで「駅から駅へ」人を運んできた鉄道運営事業者から、これからは「ドアからドアへ」人を運ぶモビリティマネージャーになり、あらゆるモビリティ周りのサービスをカバーする。その当時はまだまだ一般的でなかった「モビリティ・アズ・ア・サービス（MaaS）」というコンセプトを早期に掲げていたといえる。「ドアからドアへ」のサービスに際しては、鉄道だけでなく、レンタサイクルやバス、タクシー、飛行機など、あらゆるモビリティを最適に組み合わせた経路のスケジューリングやチケットの購入・決済をワンストップで提供する仕組みの構築などが求められる。

こうした動きを踏まえ、自社が提供してきた価値と今後提供していくべき価値を根底から見直す動きが加速している。

④「人中心」の社会・産業構造への展開
「バリューチェーン終点の消費者」から「ネットワーク中心の生活者」へ

4つ目の「人中心」とは、コロナ禍でさらに加速している変革である。従来の「消費者」とは、製造、物流、販売という企業ごと、産業ごとに垂直統合されたバリューチェーンの終点に位置する存在で、それぞれの企業が異なる領域の製品・サービスを提供することですみ分けを図ってきた。

しかし、社会課題を解決するにも、生活者に新たな価値を提供するにも、1つの企業、単一の産業でできることには限界がある。個別の企業・産業がばらばらにサービスを提供するのではなく、例えば、通信

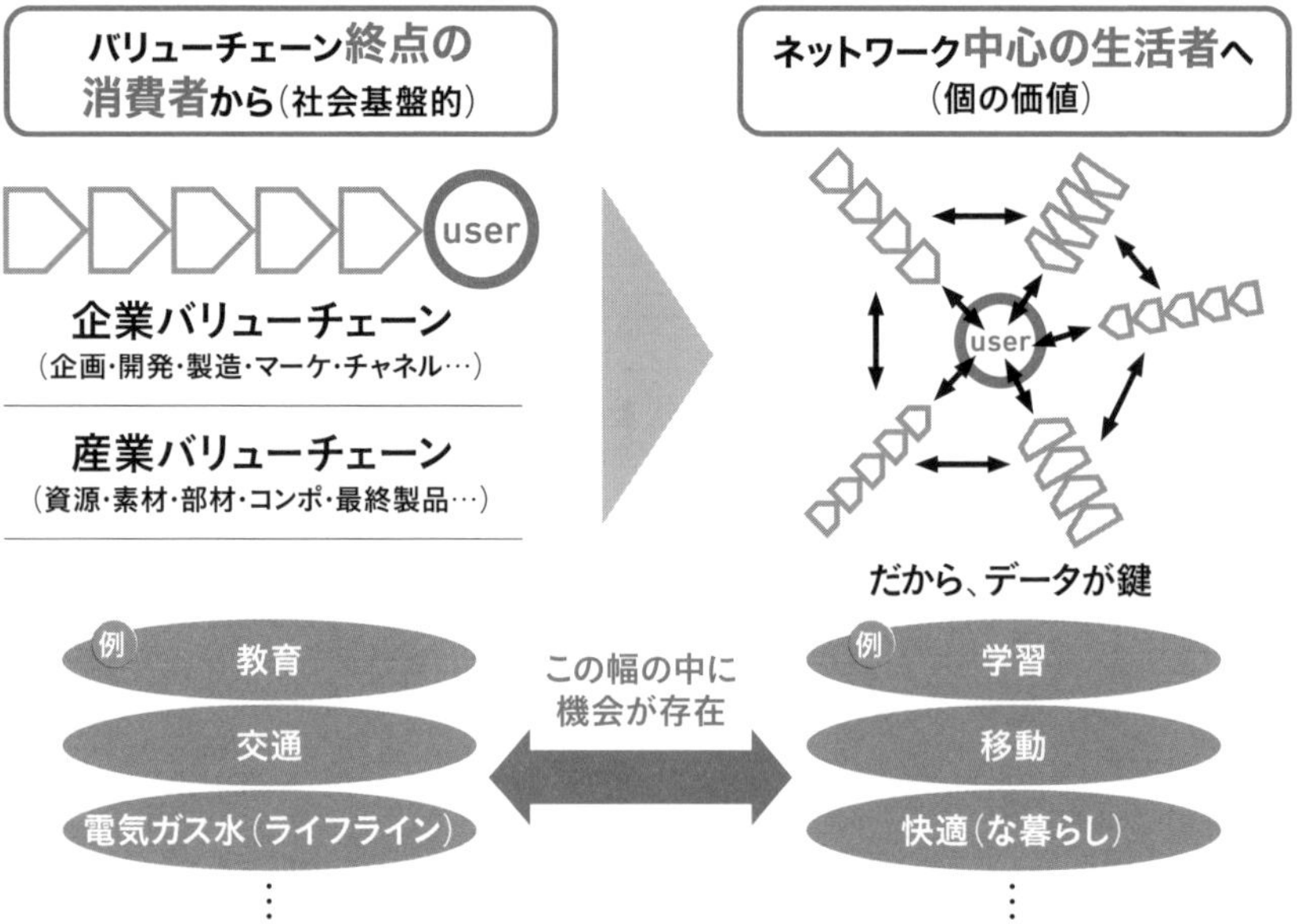

直線的なバリューチェーンの終点に位置していた消費者が、現在では企業や社会のあらゆるネットワークの中心に位置するようになっている（出典：アーサー・ディ・リトル）

や交通、エネルギーや不動産、教育とエンターテインメント、はたまた医療と旅行といったように、業際を越えて協調しながら生活者1人ひとりの価値に主眼を置いたうえで、最適な価値提供の在り方を再定義すること、つまり、ネットワークの中心に生活者を置いた新たなエコシステムを構築することが重要なのである。

また、これを可能にするのが、デジタル周りのイネーブリングテクノロジーである。なぜなら、異なるプレーヤーをネットワークでつないだり、1人ひとりに最適化されたカスタムデザインを行ったりするのは、デジタルの最も得意とするところだからである。また、だからこそデータが重要な鍵となる。デジタルのそうした特性を生かしたエコシステムを実装試行するフィールドも求められている。

現代は生活者が主役になり、生活者を中心に、交通、輸送、エネルギー、流通、エンターテインメント、教育、ヘルスケア、不動産などの各産業がデータを介してお互いに連携しながら、複合的な価値を提供する時代になった。その実現には、仮想現実（VR）や電子決済、5G、シェアリング、物流インフラなどの新たなサービスやテクノロジーが活用される。企業1社ではなく、複数の企業や業界のネットワークによって商品やサービスを提供する時代に切り替わりつつあるのである。

ここでの重要な視点は、「〝社会基盤的〟な供給側の考える機能」を提供するという考え方から、「〝個の価値〟を主眼に置く価値」を提供するという発想の転換なのである。例えば、〝教育〟から〝学習〟という視点。工業化社会において均質な労働力を確保するための画一的な教育から、人々の個性やライフステージに応じた多様で自律的自発的な学習の機会を提供するサービスへの転換である。

デジタルツールなどを使って、必要なときに、必要な場所で本人が望む学習が生涯を通じてできる環境を整えるには、これまでの学校教育とは大きく異なる制度やシステムが必要となる。同様に、従来の〝医療・介護〟という供給者視点から、個の〝健康・ウェルビーイング〟へと視点を転換することで、そこに関わるプレーヤーの幅は大きく広がり、企業・産業の枠を超えた価値共創の機会が生まれる。まさにこれまでにない大胆な発想の転換が必要である。また、同時にこれは実はデジタルの本質的価値の一端を述べている。そして前述した3つのパラダイムシフトにおける「分散化」が「個（へ）の価値の創造において重要な役割を果たすのである。

こういった「個の価値」の重視へのシフトは、〝交通（transportation）〟から〝移動（mobility）〟という点においても、コロナ禍で一気に加速している。例えば、これまで、通勤や通学は、交通機関から定期券を購入し、家と学校や会社への移動という、A地点からB地点への固定的な移動が前提となっていた。それが、コロナ禍によってリモートでの勤務や学習が普及し、在宅のみならず、サードプレースと呼ばれているリモートオフィスやカフェ、あるいはリゾート地での勤務も可能になり、個人の考える最も快適で効率的に仕事ができる場所への移動が前提となったのである。

⑤都市機能やサービスの進化に必要な2つの枠組みのリデザイン

「産業や都市機能の融合（コンバージェンス）」と「公共と民間の境目の調整（シフト）」

「コンバージェンス」とは、産業や都市機能の融合を意味する。テレコム企業と保険会社が連携し、モバイルで完結する保険会社（例・オレンジセグロ）を設立したり、あるいは、電気自動車の製造販売のみならず、上流の発電を含め、垂直統合でエネルギーの管理活用を試みる企業（例・テスラ）のように、従来の産業区分や都市機能を融合する形で、社会課題解決をも視野に入れた、新たな社会基盤が創造され始めている。

公共と民間の役割分担も大きく変化している。世界的には上水道が無い地域への飲料水の提供（例・ネスレ）、自治体が行ってきた水事業の運営（例・ヴェオリア）、あるいは、日本企業においても、警察が行ってきた見回りや警護（例・セコム）、あるいは、ＡＥＤをはじめとした緊急医療への対応（例・旭化成）など、地方財政や人口減少などの影響、また、グローバルサプライチェーンの進化、はたまた、中央集中でなく分散配置で機能提供できるテクノロジーの進歩によって、社会基盤を提供・運営する主体として、「公共と民間の境界線」の見直しが進んでいるのである。

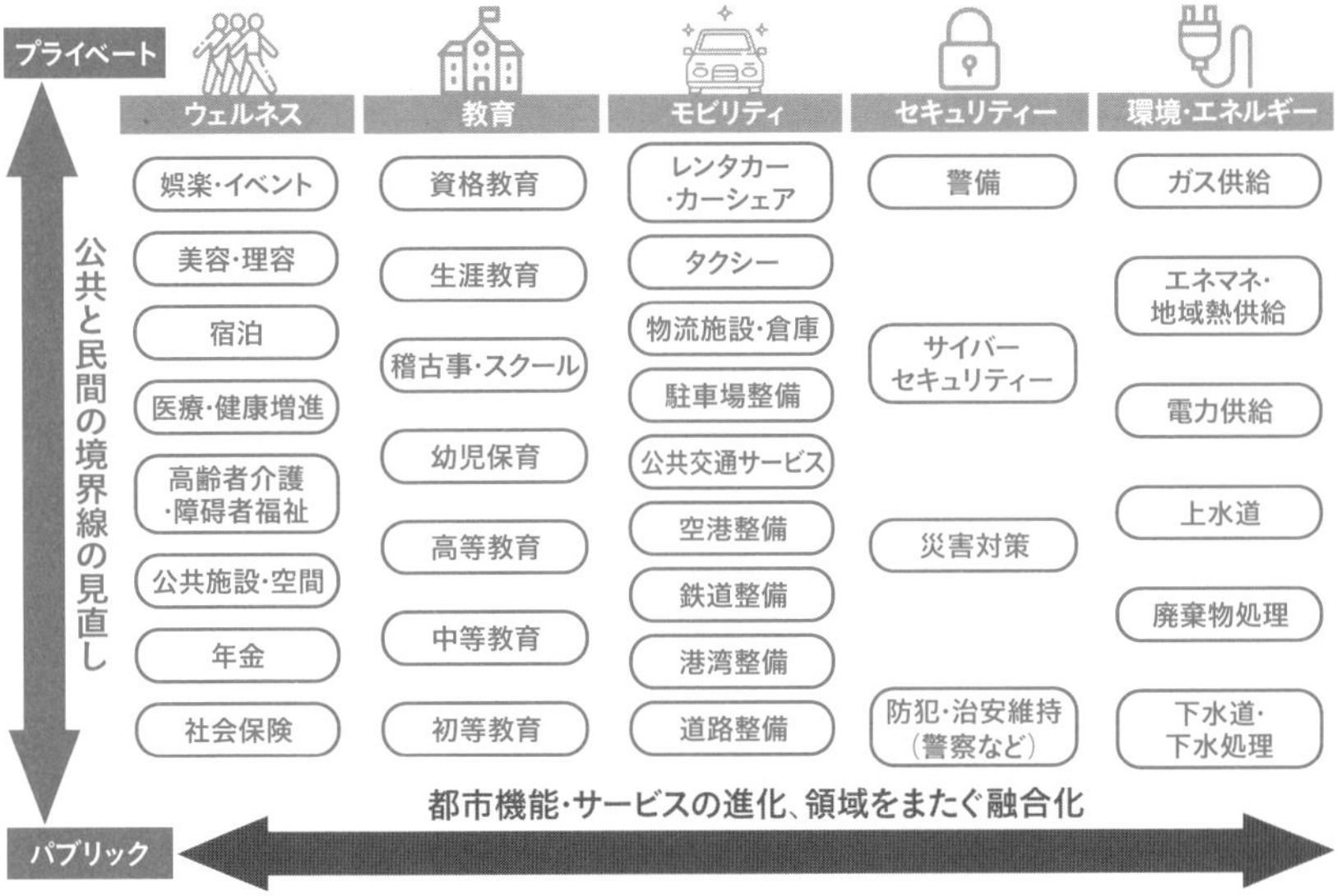

領域をまたいだ融合が進み、かつ、公共と民間の境界線が曖昧に。従来の枠組みにとらわれない思考が必要となる（出典：アーサー・ディ・リトル）

以上のような5つの社会的変化を背景に、MICは誕生した。必要とされているのは、これまでの常識を覆すような、新しい視点による大きな変革である。これからの社会課題を解決できるのは、企業が1対1で協業していく従来型のイノベーションではなく、一見無関係に見えるような業界から多数の企業が集まり、N対Nでそれぞれの製品やサービス、テクノロジー、ノウハウを、生活者（個）の目線やうれしさを大切にしたうえで、組み合わせて起こす新世代のオープンイノベーションである。このような視点から見ると、MICが先駆的に挑戦してきた数々の変革の意義は大きいと考える。

次章では、欧州の先進的な事例を紹介しながら、イノベーションの仕掛け方がどう変わっているかについて解説する。これからのイノベーションを担う人が知っておくべき新しい取り組みについて紹介する。

第2章

社会課題の解決に求められる「エコシステム型オープンイノベーション」

1 イノベーション1・0は「技術起点」のイノベーション

イノベーションはいつの時代も社会を変革してきたが、その仕掛け方は時代と共に変化してきた。第2章では、まずイノベーションの仕掛け方が時代と共にどう変化してきたのかを捉え直し、モビリティ変革コンソーシアム（MIC）が進めている新世代のオープンイノベーションである「エコシステムを再定義するイノベーション（イノベーション3・0）」が生まれてきた経緯について紹介する。

そのうえで、欧州の先進事例を紹介しながら、いま必要とされている新世代のオープンイノベーションの実像を明らかにする。

ここでいうエコシステムとは、社会や産業のシステムを転換するうえで必要となるN対Nの座組みを示し、それを作り替えることで新しいイノベーションを引き起こすことを目指すものである。

エコシステム型オープンイノベーションには、3つの大きなポイントがある。そのポイントを読者と共有しながら、エコシステム型オープンイノベーションを推進するために必要な考え方やマネジメントの方法などについて検討したい。

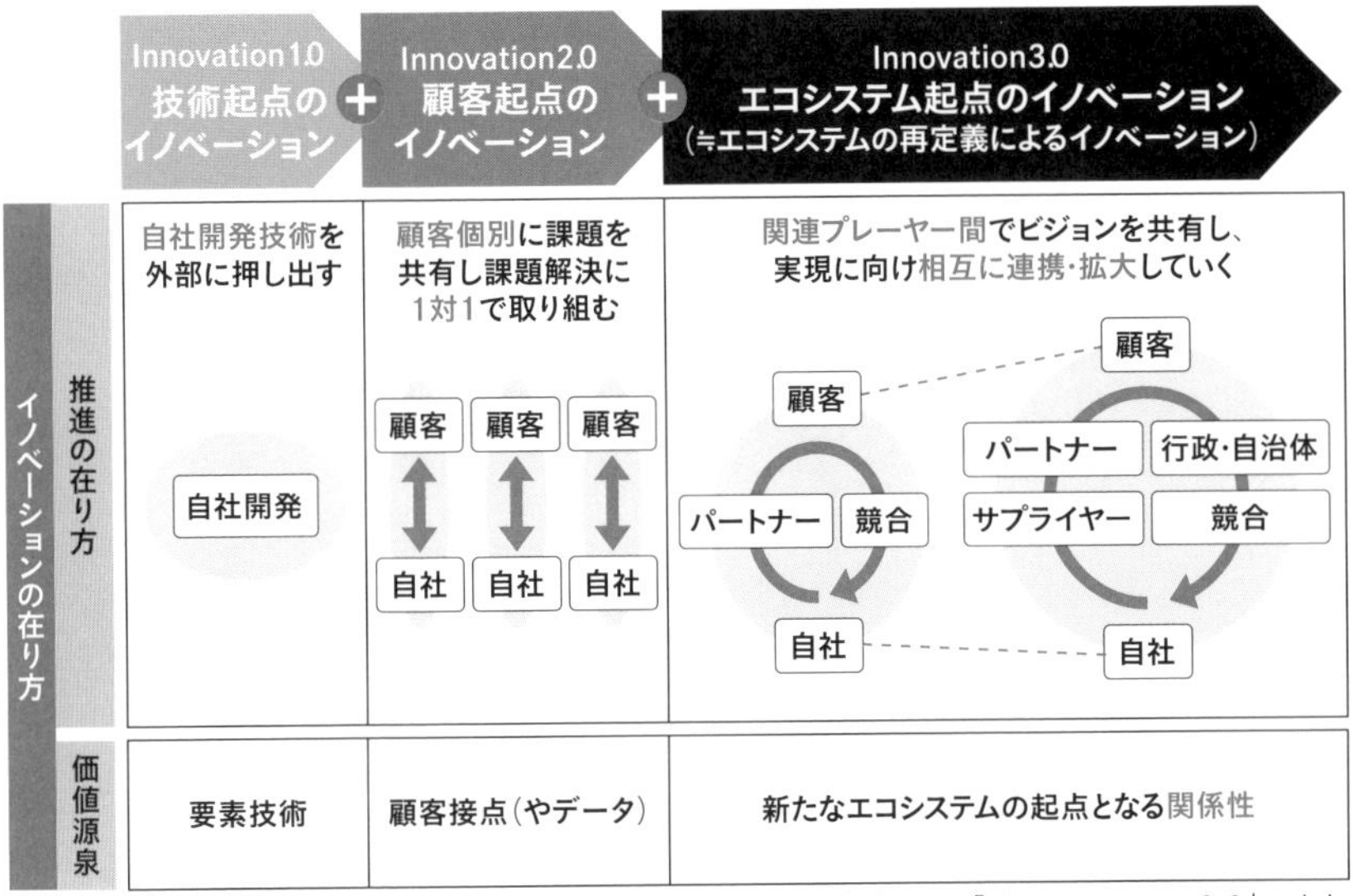

「イノベーション1.0」から「同3.0」までの進化。社会課題の解決には「イノベーション3.0」、すなわちエコシステム型オープンイノベーションが求められている（出典：アーサー・ディ・リトル）

イノベーションの仕掛け方は、時代とともに大きく3つの段階を経て進化してきた。まずは古くから1990年代にかけては、技術革新によるイノベーションが盛んに行われた。例えば、テレビがブラウン管から液晶ディスプレーに変わり、ハードディスクがSSD（ソリッド・ステート・ドライブ）に変わる、蛍光灯がLED（発光ダイオード）に変わるなど、新たな技術が従来製品のコア技術を塗り替えて新たな生活シーンを生み出してきた。これを「イノベーション1・0」と呼んでいる。一般にイノベーションと聞くと、このモデルを想起する方が多いのではないだろうか。

イノベーション1・0では、新技術こそが価値の源泉となる。「技術起点のイノベーション」である。一般的には、企業組織内の研究開発部門がそれを担ってきた。また「コーポレートベンチャーキャピタル」として、外部に有力な技術シーズを求め、投資したり買収したりすることによって獲得するような動きもここには含まれる。

ただし、このモデルが有効になるのは「技術進化にフロンティア（開拓余地）がある場合」のみだ。例えば、バイオテクノロジーや脳科学など、技術が急速に進化している分野においては、現在でも有力なモデルとなっている。

しかし今日、多くの事業分野において技術はすでに成熟期に差し掛かっている。技術が成熟するにつれて革新の余地はどうしても少なくなり、有意義な課題設定も難しくなる。「可能性の追求」という意味において、技術起点によるイノベーション1・0のアプローチが否定されることはないが、このモデルでは大きなイノベーションが起こしにくくなってきているのも事実だ。

そうした課題を解決するため、海外では2000年ごろから「イノベーション2・0」が徐々に主流となっていった。イノベーション2・0とは、顧客が抱えている課題を起点に、顧客との共創によって社会や産業の革新を目指す「顧客起点のイノベーション」である。顧客と個別に課題を共有し、顧客と1対1で取り組む。米IBMは世界に先行してこのモデルへの転換を進め、顧客企業とのコラボレーションプロジェクトを多数展開してきた。特定の顧客企業が直面している先進的な課題を共創によって解決し、そこで得た技術やノウハウを横展開する。それにより、大きなビジネスへとつなげていく。

日本では2010年ごろから日立製作所が「顧客協創」という名のもとに研究所の再編を行い、イノベーションモデルを1・0から2・0へと変革した。他の日本企業もこの動きに追従する形でイノベーション2・0は広まっていった。

イノベーション2・0でも技術はもちろん重要だが、それは1つの実現手段にすぎない。本質的な価値の源泉は「顧客接点」にこそあり、具体的には顧客が所有する課題やデータということになる。

しかし近年、イノベーション2・0に注力していても成果がなかなか出せないという企業が増えている。なぜだろうか。

個別課題としては、2社で共創した成果とその所有権について、共創した相手と奪い合いになってしまうといった知的財産関連の課題が挙げられよう。しかし、ことの本質は「社会システムが変わりつつある局面になると、顧客ですらその課題を明確に設定することが難しくなる」という事実にある。

イノベーション2・0で起点となるのは「顧客が抱える課題」であり、社会課題ではない。その結果、どこまで突き詰めても顧客が自身で気付いている困りごとの範囲内でのイノベーションに終始し、社会課題の解決や革新的な成果につながるような課題に取り組むことができないという状況が生まれやすい。

また、共創した顧客がいつまでその業界の中心的なプレーヤーでいられるかという課題もある。特に近年はビジネス環境の変化が速まり、産業の担い手そのものが入れ替わってしまう可能性も高まっている。

例えば、エネルギーのインフラは発電所を中心とする集中型から、再生可能エネルギーを地域内で循環する分散型へのシフトが始まっている。となると、現在の電力供給を担っている電力会社が、必ずしも未来永劫（えいごう）に電力供給の主役であり続ける保証はない。同じことは、新たなモビリティサービスの台頭に直面する鉄道会社などの交通機関、フィンテック系スタートアップ企業との競合に揺れる銀行や保険会社などの金融機関など、あらゆる産業分野で起こり始めている。

つまり、「顧客起点のイノベーション」は既存の業界や企業の枠から意図的に抜け出すのが難しい考え方であり、社会や産業レベルの変革に対峙するには有効なモデルになりにくいのである。

2

イノベーション3・0は「エコシステム起点」のイノベーション

今後、イノベーションの仕掛け方はどのように変革されていくのだろうか。

社会や産業レベルの大きな変革が求められている中、技術開発を起点とするイノベーション1・0は、革新の余地があまりにも少ない。また、顧客課題を起点として1対1で進めるイノベーション2・0は、既存の枠に閉じてしまう。そうした行き詰まり感から、いま新たなイノベーションの仕掛け方として新世代のオープンイノベーションである「イノベーション3・0」への注目が高まっている。

イノベーション3・0は、「エコシステム起点のイノベーション」であり、その特徴は、いくつかある。

1つ目は、特定の産業分野や業界にとらわれず、社会を構成する様々なプレーヤーが集まってビジョンを共有し、その実現に向けて相互に連携・拡大していくことである。共創のスタイルが1対1からN対Nに変化することになる。

これには複数の効果が期待できる。まず、既存の業界や自社の立場を前提とした視点にとどまらない、大きな課題設定が可能になること。イノベーション2・0までは、自社と顧客あるいは業界といった既存の枠

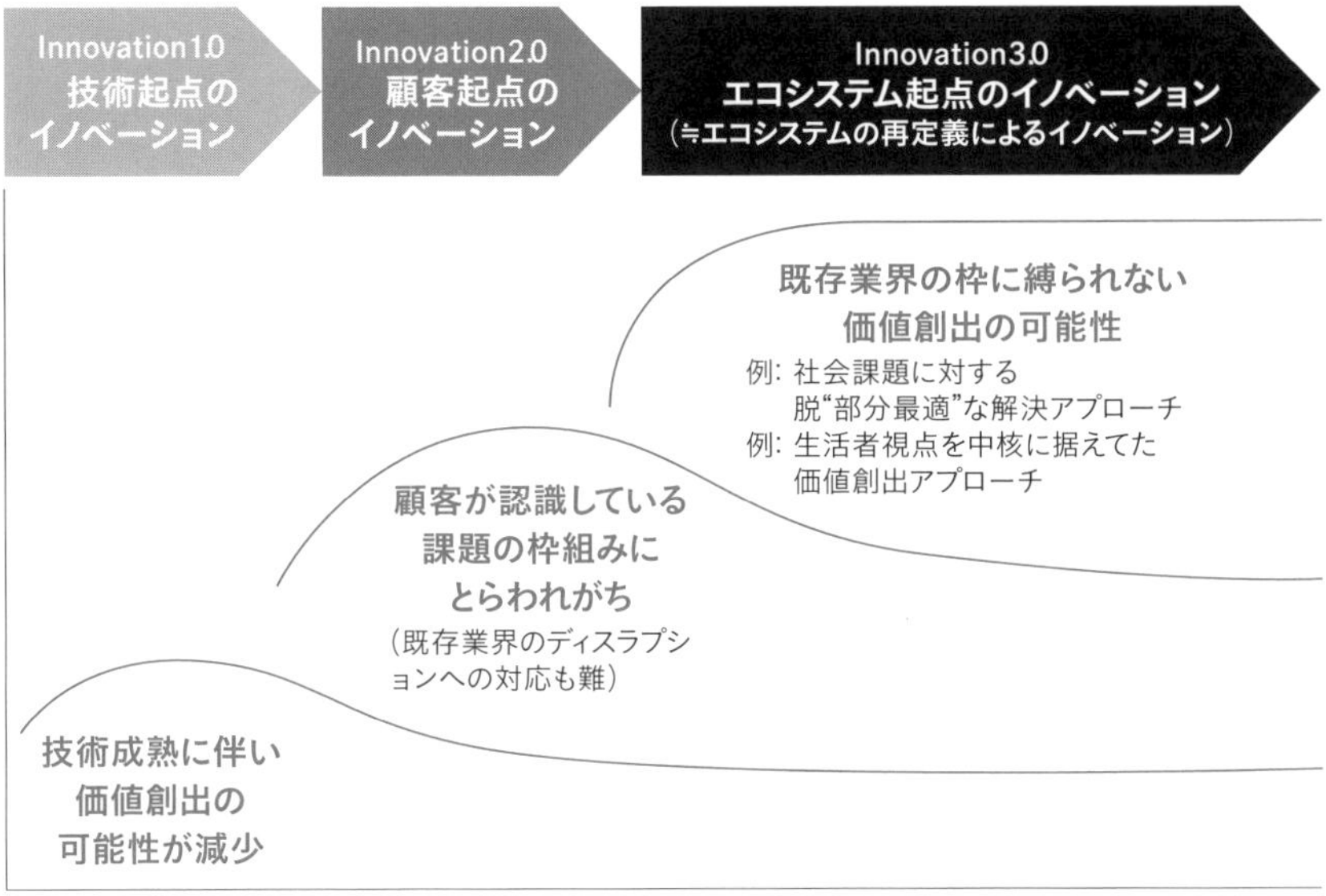

今後重要となるエコシステム型オープンイノベーション（出典：アーサー・ディ・リトル）

内で考えられてきた。このため、そのインパクトはあくまでも既存業界に閉じてしまいがちである。エコシステムを起点にすることで、個社や業界の枠を取り払い、広い視点で全体最適化を図るような活動が可能になる。

今日、私たちが解決すべき社会課題の多くは、既存の業界や企業の枠が原因で生じているものが多い。地球温暖化などの環境問題はその象徴だろう。それは環境問題を発生させる製品・サービスの製造や消費に無関係な場における課題を生じる。また、より身近なところでは、UberやLyftなどの配車サービスは利用者の生活の利便に貢献した一方で、一部の国・地域では都市の交通渋滞を助長しているという研究報告もある。ともに、サービス提供者とそのユーザーという範囲を超えたところに課題が生じている。つまり、「枠に閉じた部分最適化」を積み重ねてきた結果として、社会全体で見るとおかしなことになっている。社会課題にはそのような例が多い。

業界の枠を超えたエコシステムを起点とするイノベーション3・0であれば、部分最適を超えて全体最適を目指した課題解決が可能になる。

2つ目の大きな特徴は、「生活者視点」によるものである。

イノベーション3・0は特定の製品やサービスのユーザーではなく、生活者を起点にしている。例えば、イノベーション2・0までは鉄道なら鉄道、クルマならクルマのユーザーを起点にイノベーションを考えていた。しかし、イノベーション3・0は生活者を起点とするため、鉄道もクルマも自転車もみな同じ「移動手段」として見ることができる。極論すれば、自分が移動しなくてもオンライン体験によって同じ成果が得られるのなら、それも含めて同じ土俵で考えることができる。そのため既存の枠組みを超えたイノベーションを生み出せる可能性が高まる。

さらに、N対Nで技術やアセットを連携させたり、環境変化や開発の進展に合わせて座組みを柔軟に変更し、必要な企業を巻き込んで大きな課題解決を図ることができる。

イノベーション2・0までのアプローチでは、このような課題解決は難しい。いつまでも1対1の共創だけを続けていては、レガシーな枠組み内でのイノベーションしか期待できず、既存産業の延命にしかならないからである。

イノベーション3・0のようなエコシステム型のオープンイノベーションは欧州で先行している。

例えば、ドイツ鉄道（DB）は2012年に策定したビジョン「DB2020」で自身を「Mobility Manager」と再定義し、鉄道にとどまらない連携活動を開始した。「BeMobility」というコンソーシアムを立ち上げ、様々な企業や団体が提案し合うことで、公共交通に終始しない様々なサービスの構想と実証

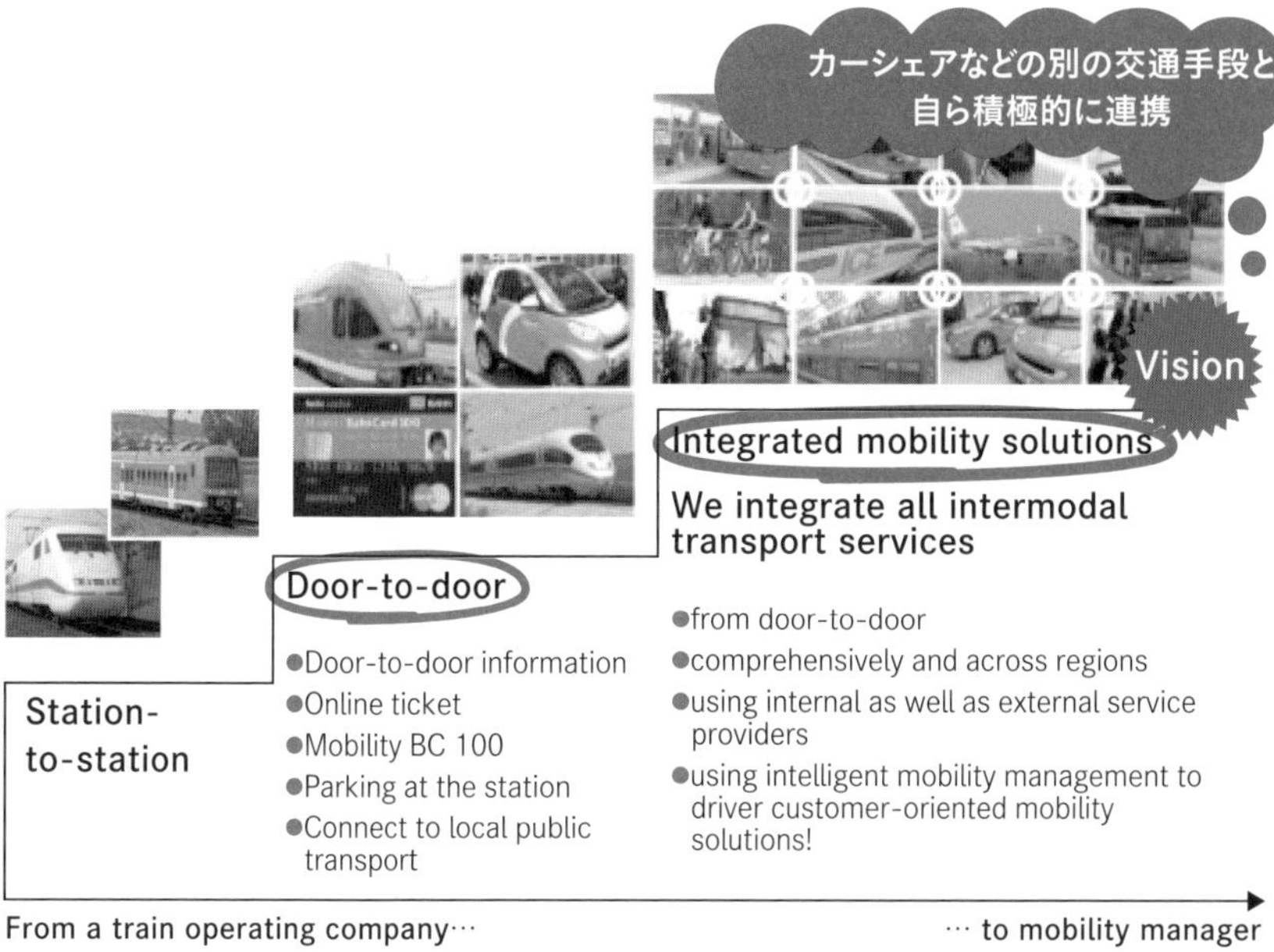

ドイツ鉄道のオープンイノベーション「DB2020」が取った戦略（出典：Deutsche BahnのWebサイトを基にアーサー・ディ・リトル作成）

試験を進めてきた。そして、自動車、公共交通機関、エネルギーの3領域において、イノベーションを加速した。MICにとっても参考となった事例である。

DBはもともと「Station to Station（駅から駅へ）」という機能しかなかった。しかし生活者視点に立って「Door to Door（ドアからドアへ）」というコンセプトを打ち出し、あらゆる移動手段を統合する「Integrated mobility solutions（統合された移動ソリューション）」の実現に向けて動き出した。

DBは鉄道を軸に、バスやタクシー、自転車などのあらゆる移動手段を使って最適な移動を支援する役割にシフトする。最適な組み合わせや予約などをワンストップで提供しようとするものである。これを「鉄道運営会社からモビリティマネージャーへの変革」と表現している。

「BeMobility」には、自動車、エネルギー、公共交通、学術的支援、ファンディングの5つの役割

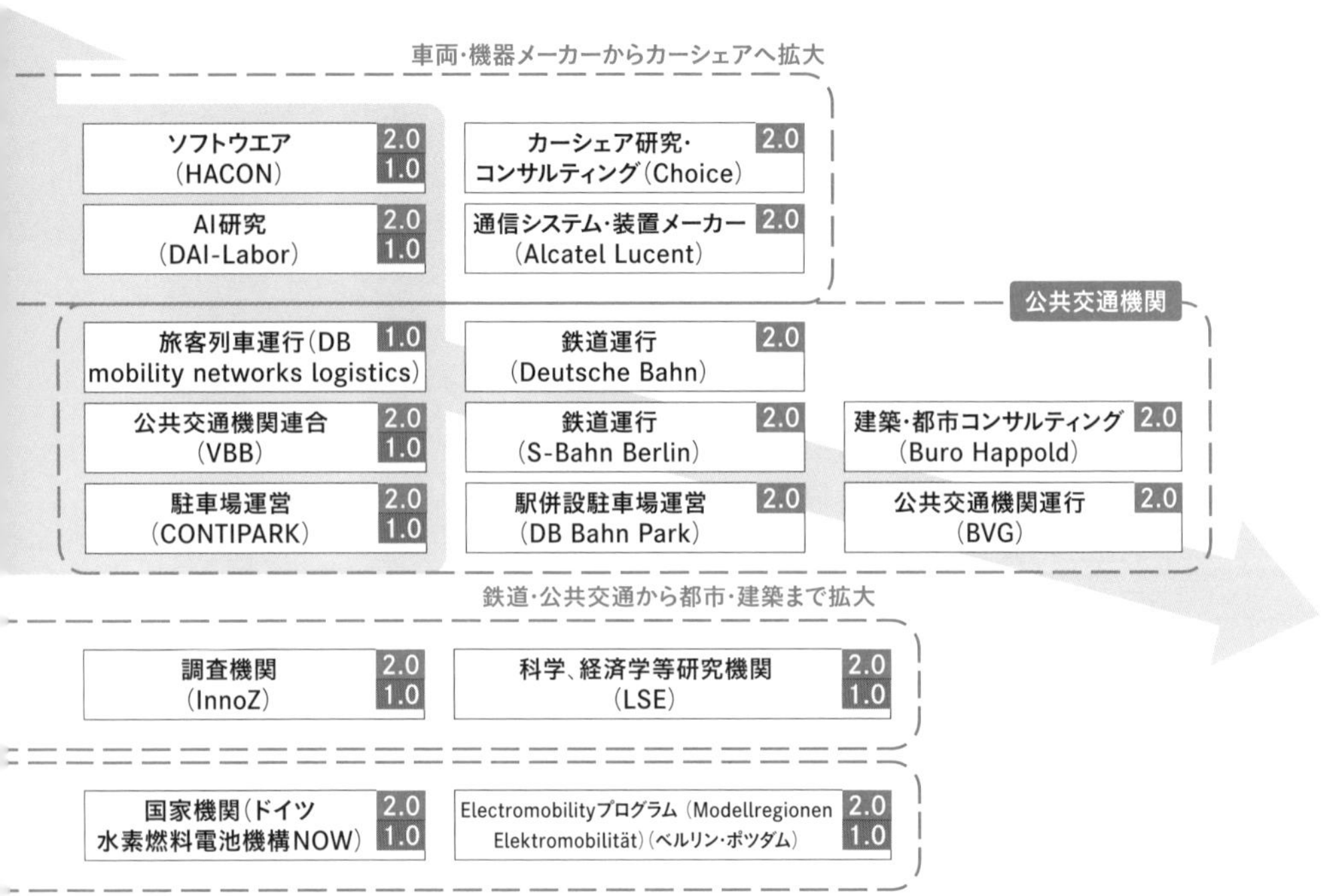

（出典：InnoZ"BeMobility:Integration of electric vehicles into public transport and the electric grid"（2014/3）,BeMobilityのWebサイトを基にアーサー・ディ・リトル作成）

を支える多数の企業が参画してきた。

最初は3〜4業界の小さな活動から始め、取り組みが発展するタイミングで参加企業を増やし、活動を拡大していった。重要なことは、その拡大の方向性を3つのベクトルにしっかりとまとめながら、それぞれの中で仲間づくりを広げてきた点である。「車両・機器メーカーからカーシェアへ拡大」「電力のみからエネルギー全体へ拡大」「鉄道・公共交通から都市・建築まで拡大」の3つのベクトルでコンソーシアムを拡大してきた。

その成果には当時として先駆的なものが多数含まれる。MaaS（Mobility as a Service）を想起させるようなアプリケーションに加え、例えばEV（電気自動車）の車両のみならず充電設備までを連携したカーシェアサービスはその後の時代感を捉えたものでもあろう。また、公共交通機関とEVの連携に向けて、マイクロスマートグリッドの実証など、鉄道会社だけではなし得ないような成果を生み出してきた。

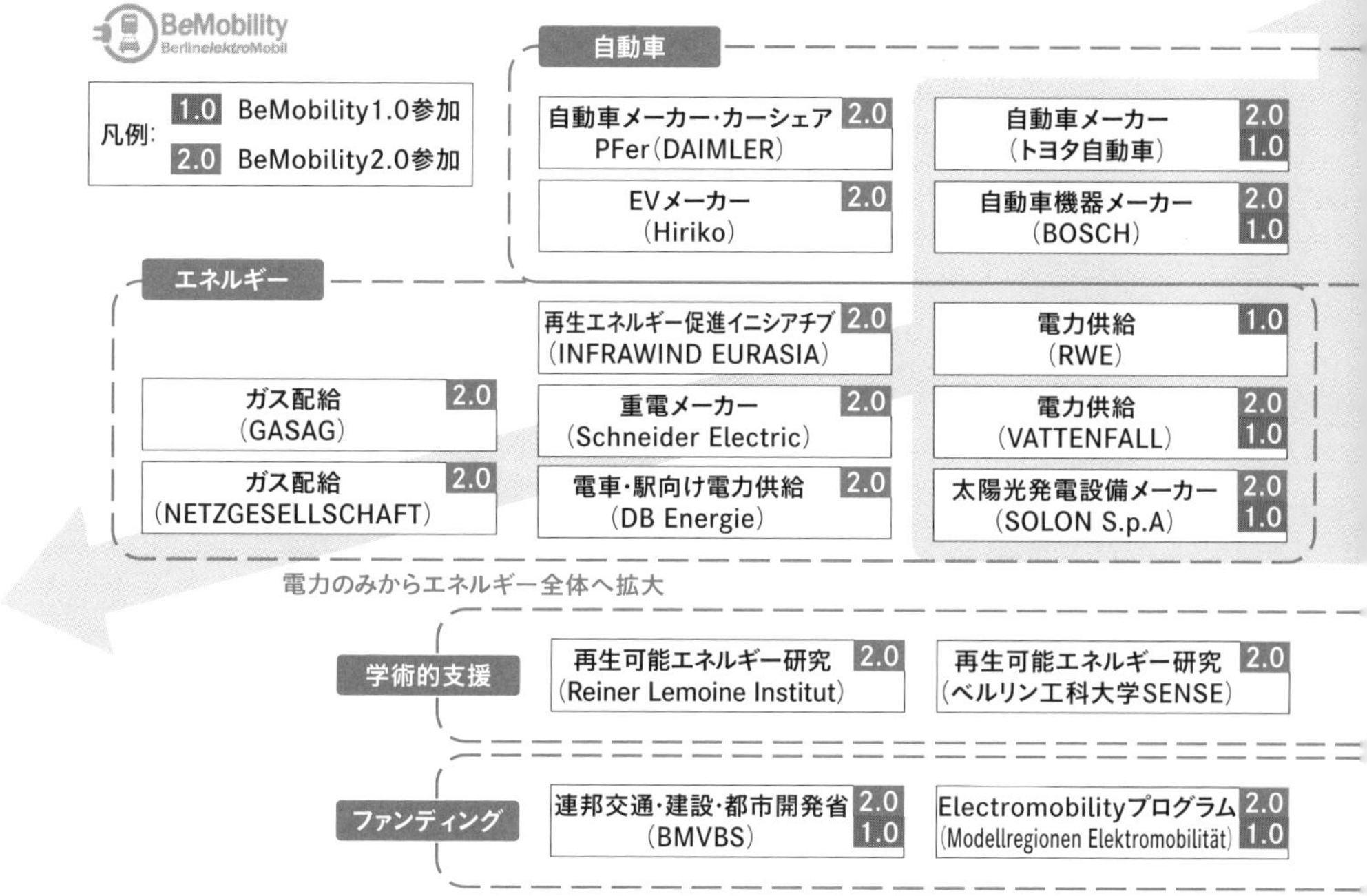

ドイツ鉄道のオープンイノベーション「DB2020」の主な参加企業

もう1つの事例に、フランスの世界的な電気機器・産業機器メーカーのシュナイダーエレクトリックが２００８年ごろから始めたオープンイノベーションがある。「ニューエコノミーへの事業領域の拡張」を打ち出し、単なるビルオートメーションではなく、エネルギーの供給から消費までの全体像をとらえた大きな変革を模索した。これは1社では到底実現できないほどスコープが広いため、既存の枠を超えた産業目線で全体像をとらえる必要がある。

そこで、共同型のコーポレート・ベンチャー・キャピタル（ＣＶＣ）を設立し、素材企業やモビリティ企業、金融機関など、異業界のパートナーと共に投資検討できるスキームを構築した。エネルギーを考える際には上流から下流までの連鎖の全体像を捉える必要があり、協働型のＣＶＣが大いに機能した。具体的には、同社は本ＣＶＣを通じて、社会の電化を促すような電動モビリティやＬＥＤ照明ソリューション、さらにはその後のサーキュラーエコノミーの台頭を見据えたバイオプラスチックなどのスタートアップに投資を実行。結果的に、文字通り、「ニューエコノミーへの事業領域の拡張」に向けた転換の一手となった。

以上、欧州で先行するエコシステム型オープンイノベーションの事例を見てきた。しかしながら、イノベーション3・0を成功させるには、単に多くのプレーヤーを集めればよいというわけではない。また欧州の成功事例に倣い、単に座組みだけをまねしても成功は望めない。

3 イノベーション3・0を成功させる3つのポイント

イノベーション3・0を成功させるために重要なポイントは3つある。

①（課題を捉える）視野を広げる
②解決の枠組みを破壊する
③経済圏を継続的に広げる

第1のポイントは、「（課題を捉える）視野を広げる」ことである。特定のアングルからだけ見ていては、課題の全体像を把握できない。

例えば、モビリティのイノベーションを起こしたいからといって、モビリティの課題解決だけを考えていては、社会システムの再定義にはつながらない。モビリティの変革は、エネルギーやヘルスケアの課題にも貢献できる可能性がある。これらを総体的に捉えて解決を図ることこそが重要である。つまり、目前

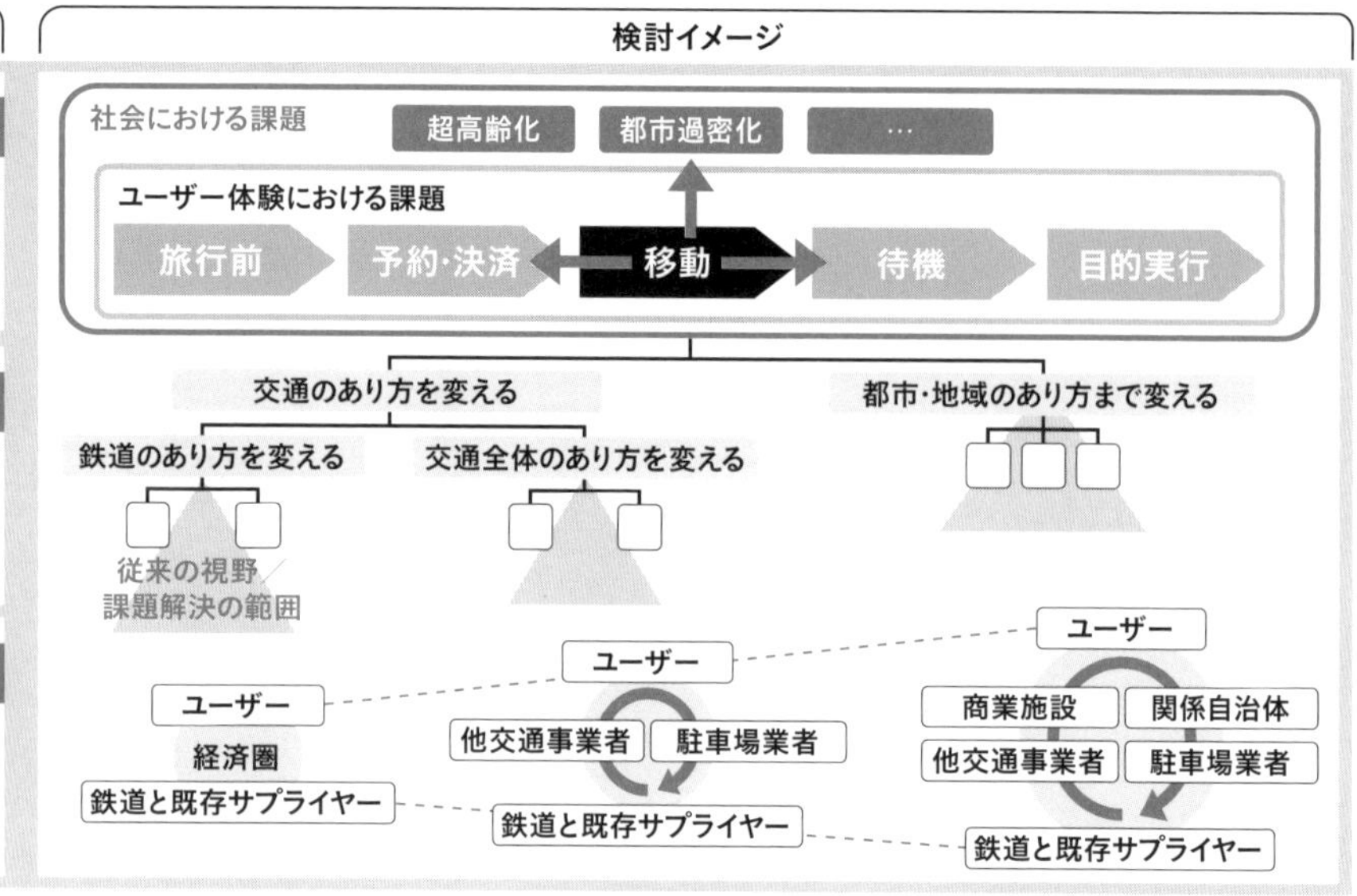

の顧客の課題解決ではなく、社会課題全体まで検討の視野を広げることが必要になってくる。

２つ目のポイントは、「解決の枠組みを破壊する」ことである。

例えば、人々の移動に対して何かを働きかけたいのであれば、特定の鉄道や自動車だけを見るような従来の枠組みで考えていても成功しない。移動全体をモビリティで捉えるなど、１つ上の大きなレイヤーで考えるべきであり、さらには交通手段だけでなく、交通を含む都市設計の在り方など、既存の枠組みをさらに超え、より上位のレイヤーでアーキテクチャー全体に至るまで検討範囲を広げるべきである。

３つ目のポイントは、「経済圏を継続的に広げる」ことである。新たな社会システムの構築に向け、検討の過程で生まれてくる新たな課題を解決できる新たなメンバーを入れ、エコシステムを継続的に広げていく。ＤＢの事例でも、最初はごく近いメンバーが集まって検討していたが、検討範

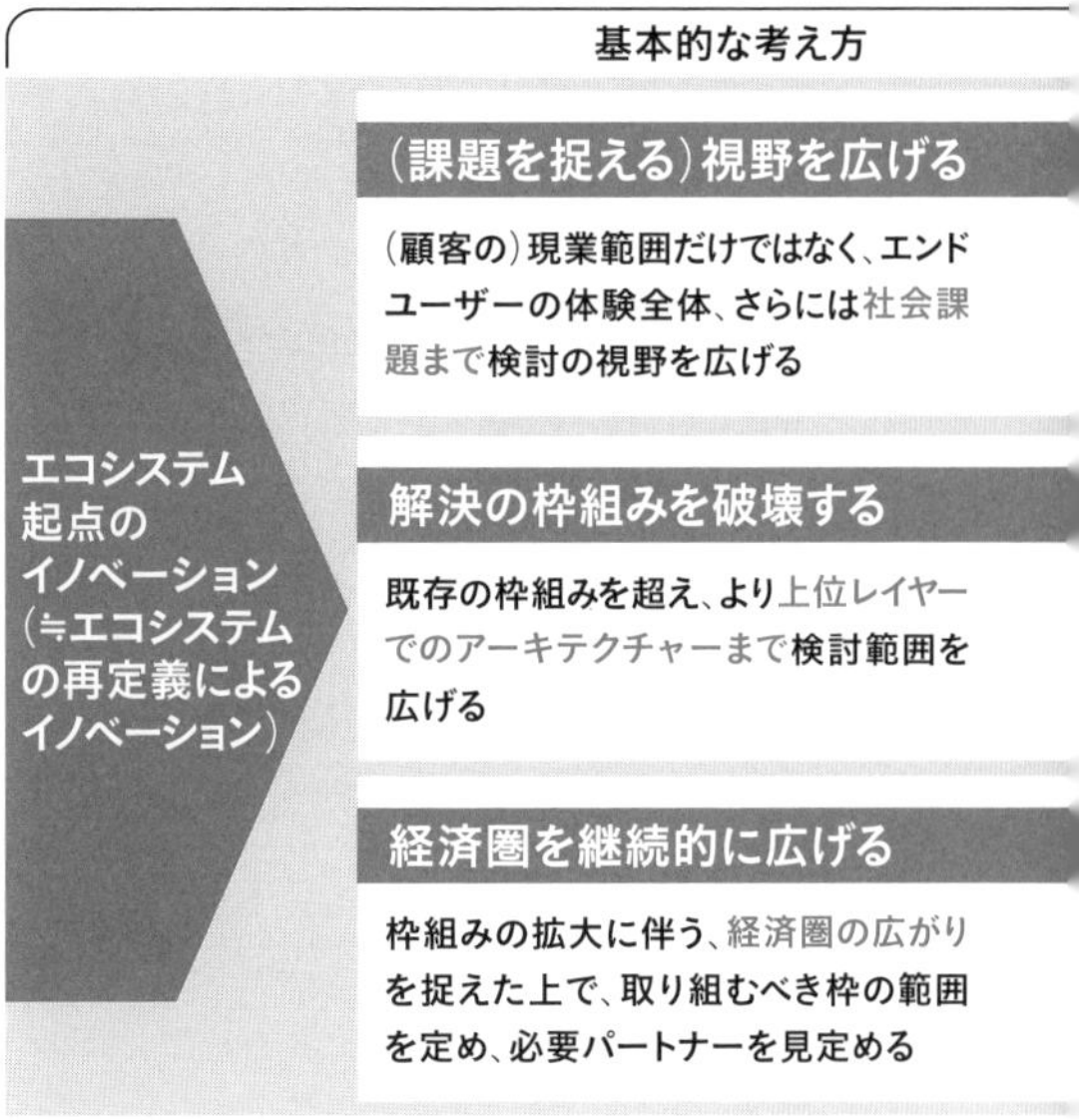
基本的な考え方
エコシステム起点のイノベーション（≒エコシステムの再定義によるイノベーション）
（課題を捉える）視野を広げる
（顧客の）現業範囲だけではなく、エンドユーザーの体験全体、さらには社会課題まで検討の視野を広げる
解決の枠組みを破壊する
既存の枠組みを超え、より上位レイヤーでのアーキテクチャーまで検討範囲を広げる
経済圏を継続的に広げる
枠組みの拡大に伴う、経済圏の広がりを捉えた上で、取り組むべき枠の範囲を定め、必要パートナーを見定める

イノベーション3.0を成功させるための3つのポイント（出典：アーサー・ディ・リトル）

囲が拡大するにつれ、参加企業が広がった。エコシステムを広げることで、より大きな社会変革を起こしていく。

例えば、新たなモビリティを実現していくためには、交通系の企業だけでなく、ＩＣＴやエネルギー、都市設計などの企業も必要になろう。特定のパートナーだけに依存せず、多様なパートナーとの共創を進めながら、エコシステムを継続的に広げていくことが重要になる。

イノベーション3・0のカギを握る「プロデューサー的人材」

イノベーション3・0の価値の源泉とは何だろうか。

それは、エコシステムとの関係性そのものになる。つまり、イノベーションの実行に際しては、「ヒト」「モノ」「カネ」といった経営資源の考え方もエコシステムの観点から再構築していく必要がある。

まず、「カネ」である。かつてのイノベーション投資では、「（次世代の）研究開発費」と「（現業の）設備投資」のバランスであったり、「（社内の）研究開発費」と「（社外への）投資」のバランスであったりを議論する機会が多かった。

イノベーション3・0では、そこが大きく変わる。オープンイノベーションの「場」をつくることで、自社の投資だけではなく、すべての参加企業もそこに投資する。外部からの投資やアセットなどの拠出をいかに促し、個社ではできないレベルのレバレッジを効かせていくかがイノベーションを成功へ導く重要な考え方になる。

次に「モノ」。開発や実証実験を推進するための設備やデータの確保はもちろん重要だが、それ以上に「既存の枠組みにとらわれないための場をどう設計していくか」が決め手となる。つまり、「モノ」から「場」への視点拡大が必要となる。

そして「ヒト」である。イノベーション1・0で必要になるのは、専ら技術人材だった。しかし、イノベーション3・0では、業界の垣根を越えて枠組みを描き、外部の知恵を巻き込める「プロデューサー的人材」がカギを握る。

イノベーション3・0を実行していくには、技術と事業を融合した企画・構想力が必要であり、外部の様々な企業との関係性をテコにして大きなイノベーションを起こしていくようなマネジメントが重要になる。

社会課題や産業の変革に大きな可能性を持つイノベーション3・0。その新しいコンセプトに日本で先行的に取り組んだのがMICである。次章では、その具体的な中身について解説する。

第3章

日本初の複数産業横断型大規模コンソーシアム「MIC」

設立のきっかけは「技術革新中長期ビジョン」

「モビリティ変革コンソーシアム（ＭＩＣ）」は、大きな社会課題解決の実現に役立つ研究開発を促進するために、２０１７年にＪＲ東日本が中心となって発足させたコンソーシアムである。多くの産業をまたいで、新たにエコシステムを構成し、参加者の共創によって先駆的な取り組みを進める大規模なコンソーシアムとしては、我が国初の試みとなる。日立製作所、ＮＥＣ、ＮＴＴ、ＫＤＤＩ、凸版印刷、私鉄各社などの大企業から、様々なスタートアップ、大学をはじめとしたアカデミアまで、多種多様な業界から１００を超える企業や組織が参加し、生活者を巻き込んだ取り組みを続けている。

通常であれば接点が限られる異分野のメンバーが協力し合い、これまで実現が難しかった大きなイノベーションを起こすのが狙いである。前章で解説した「イノベーション３・０」を日本で実現し、単純な製品やサービスだけでは解けない大きな社会課題の解決を目指す。

鉄道会社が主導するコンソーシアムとして、当初ＭＩＣは「モビリティ変革」を中心テーマとしてスタートした。その後、活動を続ける過程で「スマートシティ」や「生活者のウェルビーイング（Well-being）」などへとテーマの対象領域が拡大している。モビリティを中心としながらも、それらの周囲にある広い領域まで含めて、様々なイノベーションの検討と実証実験を進めている。

MICの大きな特徴は、実証実験をアジャイル（機敏）かつ確実に行い、早期の社会実装や事業化を目指していることである。新宿や横浜のようなターミナル駅、千葉県館山市のような観光リゾート地、JR東日本の事業エリアにある様々な公共施設など、実稼働しているリアルなフィールドで検証し、一般利用者の正直な感想や意見をフィードバックしている。

本章では、MICが誕生した背景や目的、活動内容、オープンイノベーションを成功させる組織運営の在り方などについて解説する。

MIC設立に至ったきっかけは、2016年11月にJR東日本が発表した研究開発（R&D）事業に関する「技術革新中長期ビジョン」である。この中で、同社は「モビリティ革命の実現を目指す」と宣言している。

同ビジョンを策定した背景として、同ビジョンの中で「本格的な人口減少時代を迎える中、IoTやビッグデータ、AI（人工知能）等の進展は目覚ましく、サービス、モノづくりなどあらゆる業界において『第四次産業革命』と呼ばれる大きな変化が起きようとしています。モビリティにおいても、鉄道が持つ多くのデータと、2次交通や気象情報等の様々なデータを連携させるなど、最新の技術革新成果を取り込み、新しい価値を生み出していく必要があります」と説明している。

このような背景を踏まえ、おおむね20年後の未来をターゲットに「技術革新中長期ビジョン」を策定した。「140年余りの鉄道技術の蓄積をベースに、当社グループが提供するサービスをお客さま視点で徹底的に見直し、従来の発想の枠を超えて『モビリティ革命』の実現を目指します」としている。

これを実現するため、「技術革新中長期ビジョン」では2つの具体的な施策に言及している。1つは「クラウドシステムプラットフォームの構築によるデータ連携」。もう一つが「オープンイノベーションによりモビリティを変革する場の創出」だ。後者の施策を実現する枠組みとして、MICを設立すると宣言したのである。

また、MICの特徴的な活動である「アイデアソン」と「ハッカソン」についても、同ビジョンの中で述べている。「アイデアソン」とは「アイデア」と「マラソン」を組み合わせた造語、「ハッカソン」とは「ハック」と「マラソン」による造語だ。どちらも「あるテーマの解決方法について、社内外の有志によるアイデア出しやプログラム開発を行うイベント」としている。

「技術革新中長期ビジョン」が進める技術革新の方向性は大きく4つある。

①安全・安心
②サービス&マーケティング
③オペレーション&メンテナンス
④エネルギー・環境

①の「安全・安心」では、危険を予測しリスクを最小化するための技術革新を進める。「死傷事故ゼロ」や「事前災害の発生を予測・察知し事前に安全を確保」など、安全と安心のリスクを下げる技術革新を目

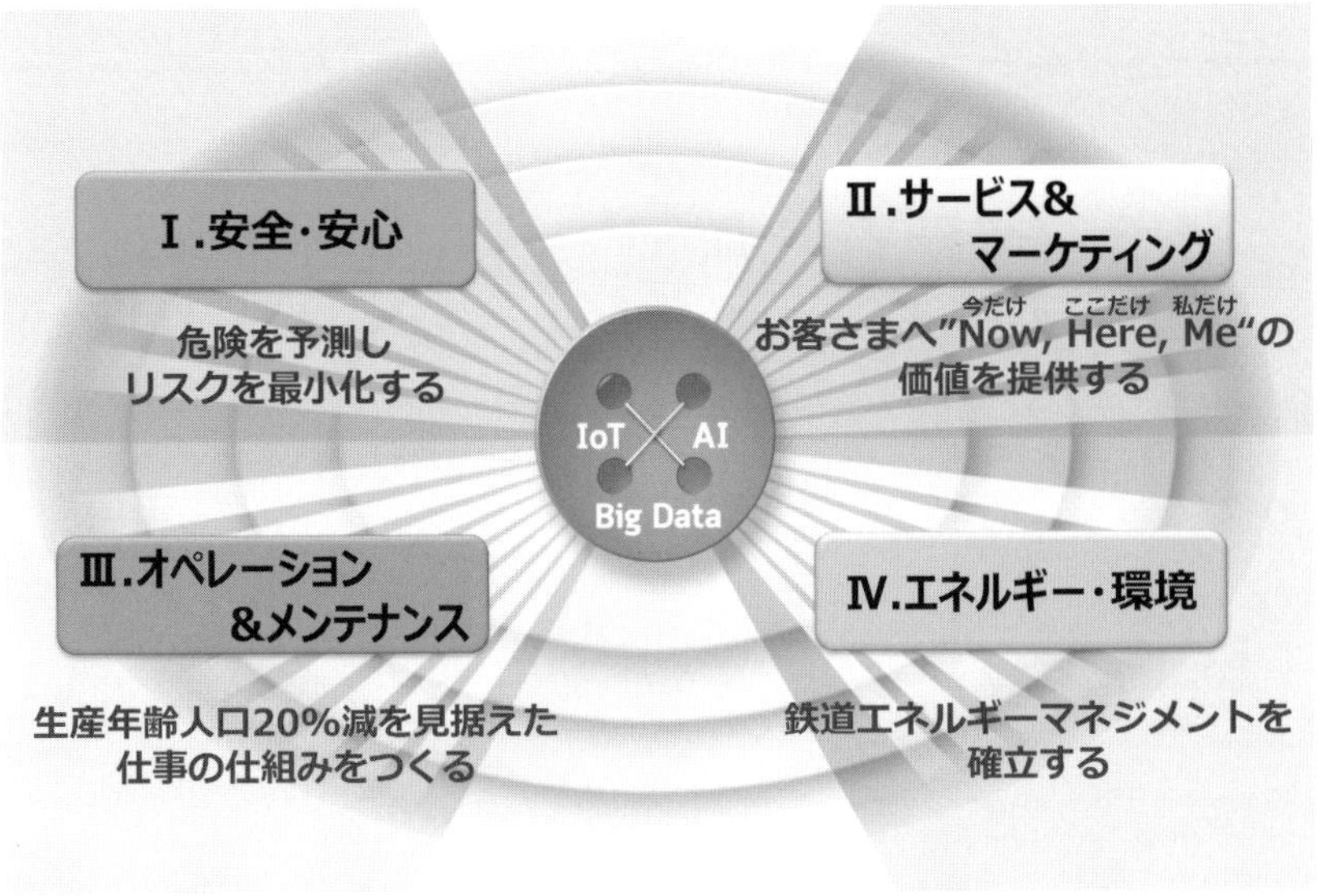

「技術革新中長期ビジョン」と技術革新の方向性を示すイメージ図（出典：JR東日本）

指す。

②の「サービス&マーケティング」では、「シームレスにDoor to Doorの移動ができるサービスの提供」や「個々のお客さまに寄り添った情報提供による情報のストレスフリー」など、顧客に提供する価値を向上させる。

③の「オペレーション&メンテナンス」では「生産年齢人口20%減を見据えた仕事の仕組みをつくる」とし、働き方の変革や業務の自動化を進める。

④の「エネルギー・環境」では、温暖化ガスの低減や再生可能エネルギーの活用などを進める。

その後、同社は人口減少や自動運転技術の実用化など、経営環境は急激に変化していることから、これらの変化を先取りしていくため、「鉄道を起点としたサービスの提供」から「ヒトを起点とした価値・サービスの創造」に転換していく必要があるとした。これを踏まえ、2027年ごろまでの経営環境の変化を見据え、グループ一体で新たな

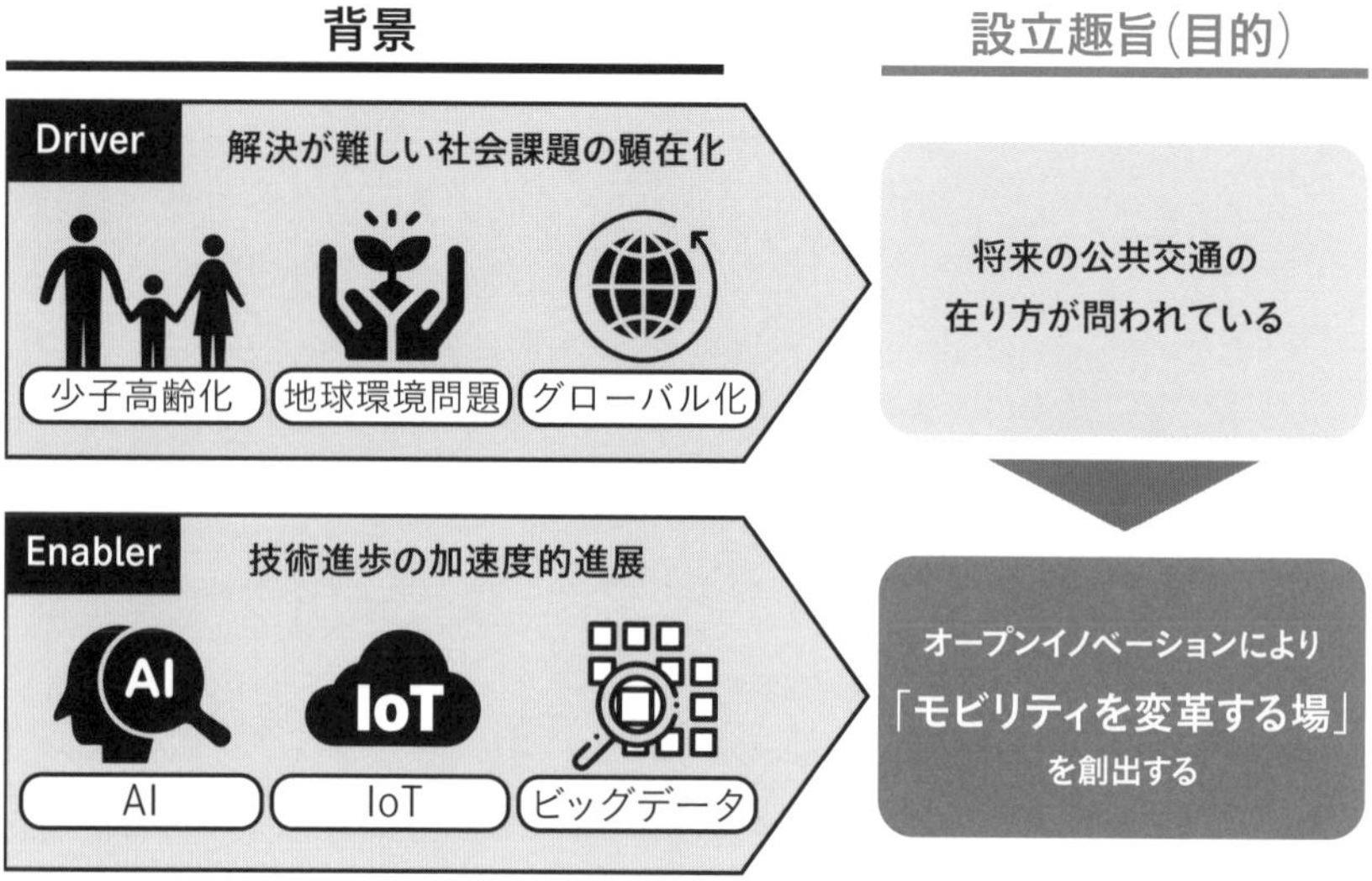

MIC設立の背景と目的。少子高齢化、地球環境問題、グローバル化などが「ドライバー」となり、AIやIoT、ビッグデータといった技術革新が「イネーブラー」となる（出典：JR東日本）

成長戦略に挑戦するため、グループ経営ビジョン『変革２０２７』を２０１８年7月に発表した。

先の「技術革新中長期ビジョン」もこれに融合し、現在のＪＲ東日本グループの経営戦略の１つとしてＭＩＣを位置づけている。そして「豊かさ」を起点に、ＪＲ東日本が持つアセットを活用して新たなサービスを創造し、これまでにない価値を社会に提供する。

ＭＩＣの設立と運営において最も意識されていることは、本書の第1章と第2章で解説した大きな時代の流れとイノベーションの変革である。

今日の社会課題は、もはや企業の個別の取り組みでは解決できないスケールになっている。また、効果的なイノベーションを仕掛けるには、異業種の企業が多数集まり、エコシステム起点によるN対Nの取り組みが必要になる。これが、第2章で述べた「イノベーション３・０」の実像であり、ＭＩＣはその実現を目指す国内初の取り組みといえる。

「技術革新中長期ビジョン」が背景として説明して

いた少子高齢化、地球環境問題、グローバル化などが「ドライバー」の役割を果たし、ＡＩやＩｏＴ、ビッグデータといった技術革新が「イネーブラー」となって、新たなイノベーションが始まろうとしている。その時代背景の中で、ＭＩＣは「モビリティを変革する場」を提供するために発足した。

2 約130社が持ち寄る技術、アセット、ノウハウで新たな価値を創造

ＭＩＣの役割と具体的な活動について解説する。ＭＩＣでは、ＪＲ東日本が所有する駅や駅周辺施設、データ、技術、地域とのネットワークを含むあらゆるアセットと、約１３０社（２０２２年11月末時点）の参加企業が持つ技術やアセット、ノウハウを連携させることで、新しい価値を創造する。

テーマを発案した企業が会員に対してプレゼンテーションを行い、これに賛同する企業らと話し合ってメンバーが確定すると、秘密保持契約（ＮＤＡ）を締結して実証実験の計画・実施に向けて進んでいく。このように、テーマごとに参加企業を募り、アライアンスを組んで活動するのが基本である。コンセプトをつくるだけでなく、実際に実験用のプロトタイプを開発し、「機能視点」「地域視点」「技術視点」という3つの視点から実証実験を行う。これにより、単なるプランに終わらない早期の社会実装や事業化を目指す。

これらの活動を進める過程では、外部企業や有識者の意見を貪欲に取り入れ、鉄道事業者の視点にとらわれないオープンなイノベーションを実現する「アイデアジェネレーター」を目指してきた。また、複数の企業が自社の組織や枠組みを超えて協力し、スピーディーにプロトタイプの開発と実証実験を進める「ア

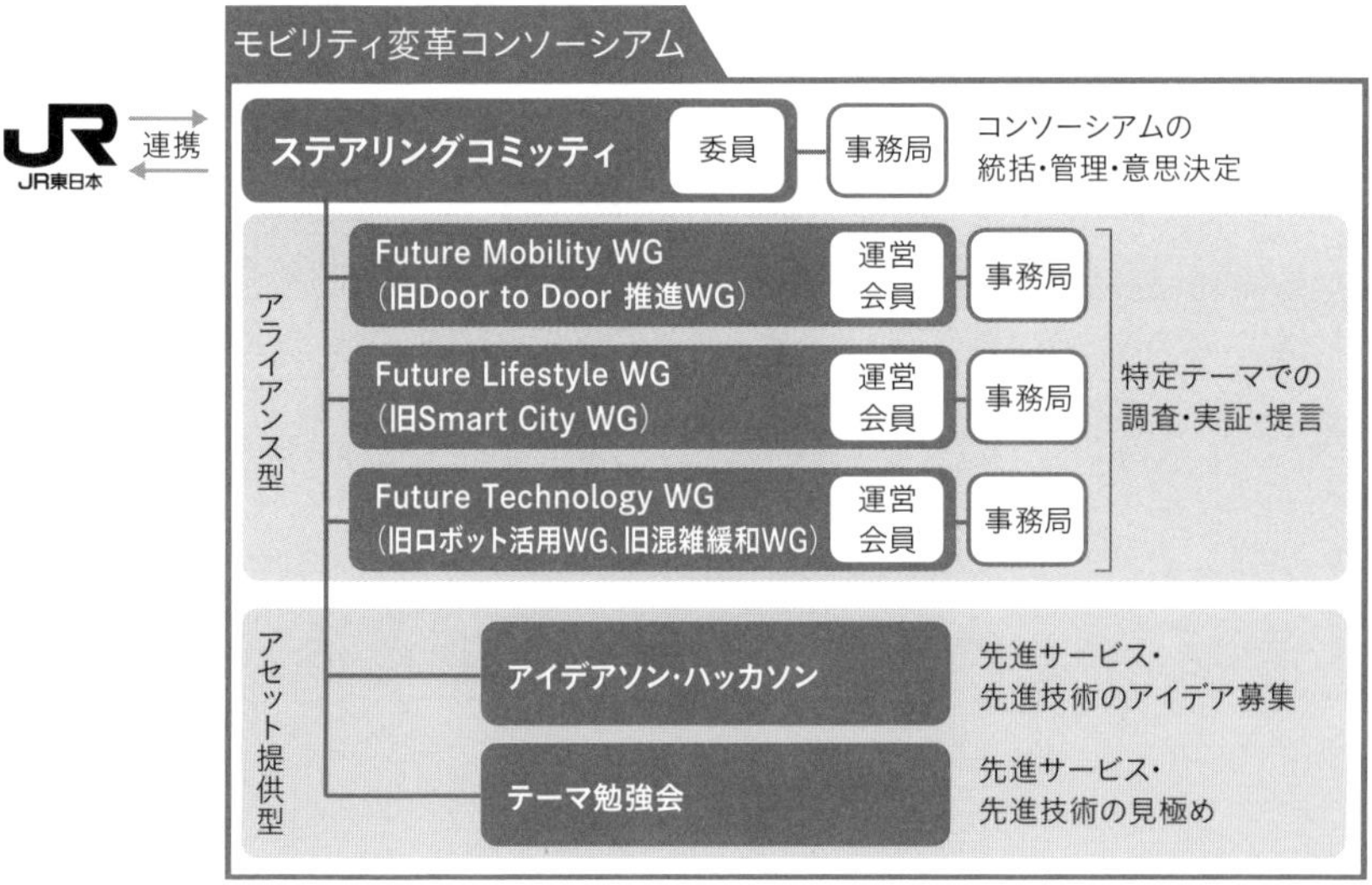

MICの組織体制。「アライアンス型」と「アセット提供型」のアプローチの両方を兼ねそろえており、テーマの性質に応じてパートナーとの共創スタイルを選択できる体制になっている（出典：JR東日本）

ジャイル開発による実証組織」としての役割を強く意識して活動をスタートした。

これらを実現するため、MICの運営組織は、旧来型の課題解決の視点や枠組みを打破するような運営体制を目指した。

まず全体の活動を統括、管理し、MIC全体に関わる大きな意思決定を行う「ステアリングコミッティ（運営委員会）」があり、その下に3つのワーキンググループ（WG）がある。この各WGの下にそれぞれ複数のサブワーキンググループ（サブWG）があり、テーマごとにエコシステムを形成してイノベーションを起こしていく。これらは、同じビジョン・目的を共有する企業同士が共同歩調で技術・ビジネス開発を行う「アライアンス型」のアプローチを可能にしている。

一方、3つのWGと並列に「アイデアソン・ハッカソン」と「テーマ勉強会」がある。こちらは、JR東日本が実験場所などのアセットを提供し会員や外部団体・有識者と創発的な課題解決を目指す「アセット型」のアプローチを可能にする。WGの枠組みを超えて各メンバーが自由に参加し、新しいテクノロジーや社会変革の情報をインプットしたり、メンバー同士の対話によって新たなアイデアを創出したりすることを目指すプラットフォーム・エコシステムとして機能させている。テーマ勉強会で得た一歩先の知見や思考法から新たなサブWGが生まれることもあるし、WGに所属する会員同士で共通の関心トピックとその分野に対する先端知見やネットワークを持ち寄ることで新たな勉強会が発想されることもある。

「アライアンス型」と「アセット型」。この2つの仕組みを用意することで、イノベーションの種類やテーマの性質に応じてパートナーとの共創スタイルを使い分けられるようにしている。例えば、テーマの性質に応じWG、アイデアソン・ハッカソン、勉強会と、入り口を使い分けることで幅広いテーマを押さえることができた。従来の一般的な枠組みや常識を超えるような、効果的なイノベーションが期待できる体制を意識している。

ステアリングコミッティには、JR東日本のイノベーション戦略本部部門長2名が委員長1名、副委員長1名、次長が事務局長として参加している。

また、広い視野で社会の動きや有益なサジェスチョン（提案）をもらうため、業界のリードプレーヤーや大学、コンサルタント、未来の課題や在り方を提起するビジョナリストなどから8名の外部有識者を迎えてステアリングコミッティを構成し、委員を依頼している。アカデミックの視点とビジネスの視点、鉄道・インフラだけでなく生活者の視点、日本だけでなくグローバルの視点、都市の視点と地方の視点など、多様な視点から社会課題を捉えられるように有識者は構成されている。MICで取り扱うべきテーマの設

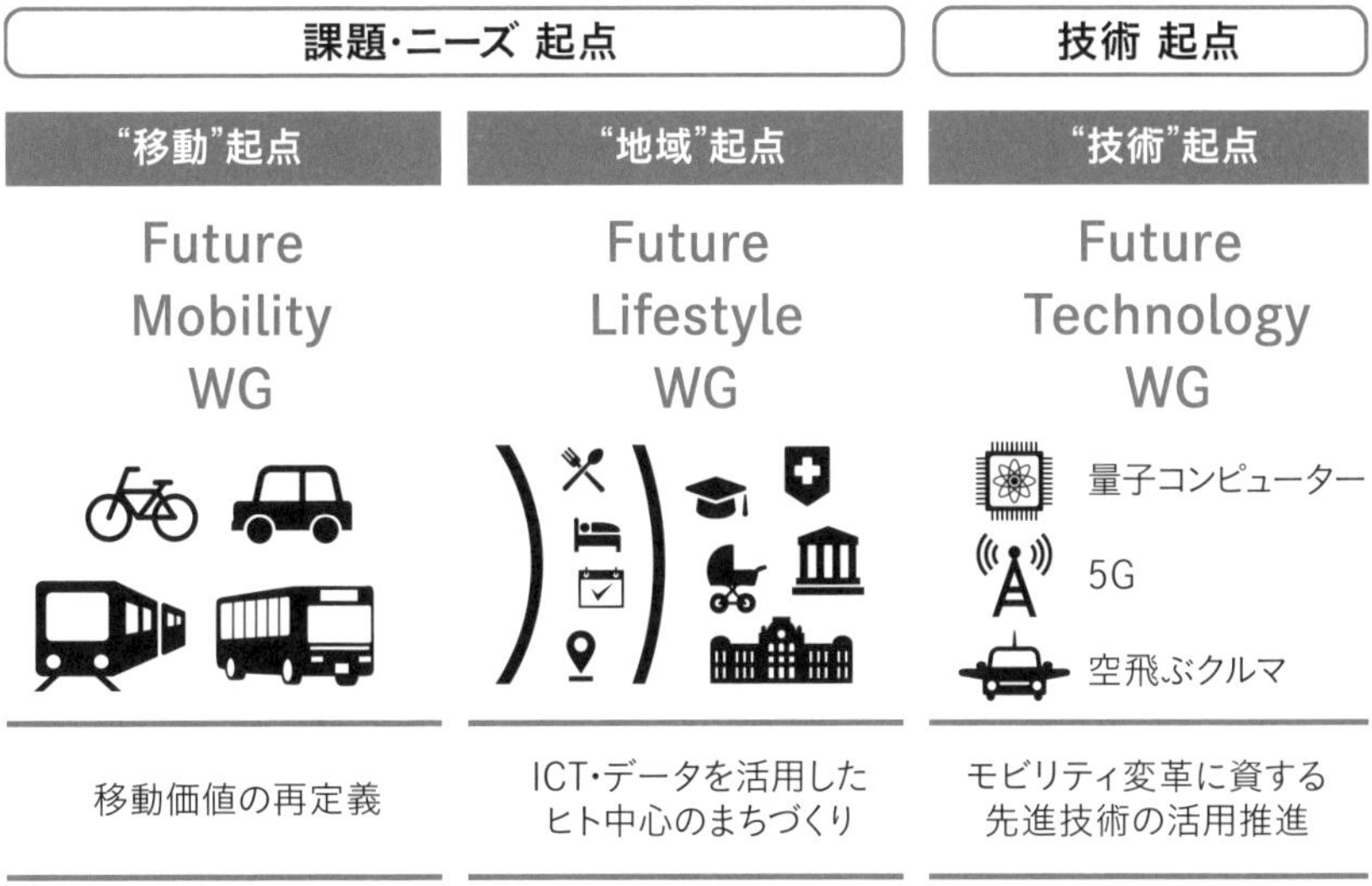

3つのWGの役割。移動起点、地域起点、技術起点で構成されている（出典：JR東日本）

定や活動の方向づけを行うために、「何をするか（Ｗｈａｔ）」と「どう実現するか（Ｈｏｗ）」の大きく2つの面からアドバイスをもらうが、毎回相当に広い領域を射程とした議論が行われてきた。

一般的にステアリングコミッティというと、単なる「ガバナンスの場」として運営されているケースが多いが、ＭＩＣではビジョナリーな視点から活発な議論が行われてきたことが大きな特徴である。

例えば、「鉄道会社の視点を離れた生活視点によるインプット」や「生活者や社会のウェルビーイングの視点からＭＩＣとして未来に向けて目指す旗印の検討」、「アフターコロナで捉えるべき社会変化の検討」などである。

ステアリングコミッティの下には、３つのＷＧがある。「移動起点」「地域起点」「技術起点」のコンセプトに応じてそれぞれ「Future Mobility ＷＧ」「Future Lifestyle ＷＧ」「Future Technology ＷＧ」としている。実際にイノベーション活動に携わるのは、この３つのＷＧに属する運営会員企業だ。複数のＷＧに参加している企業も多い。一方、一般会員企業は、実証実験そのものには参加しない。

３つのＷＧの下にサブＷＧを形成し、テーマごとの具体的な活動を進めている。各ＷＧに所属する運営会員幹事企業が中心となりテーマの発案を行い、これに賛同する運営会員が集まってサブＷＧを作り、実証実験を進める。常に15件ほどのテーマのサブＷＧが並行して動いていた。

各サブＷＧには、テーマを発案し、活動をまとめる幹事企業とそれに賛同した参加メンバー企業がある。活動テーマ、幹事企業、メンバー企業の内容や顔ぶれは、外部環境の変化や参加企業の意思によって柔軟に変化する。

「アイデアソン・ハッカソン」はＭＩＣの特徴的な活動であり、可能性を広げるカギとなる仕組みである。モビリティ変革に役立つ先進サービスや技術を集めることを主な目的とした活動で、会員が参加するワークショップやクリエーターを呼ぶイベントなどを行っている。ユーザー視点で新たなアイデアを創発し、サブＷＧへの実装を目指す。常に先進的なサービスやテクノロジーを募集している。

「テーマ勉強会」は、外部講師を招いた勉強会だ。モビリティ変革に寄与しそうな先進サービスや先進技術を見極めること、それらをサブＷＧなどの具体的活動に落とし込む際に必要な思考法を獲得することを目的に実施している。テーマは多岐にわたる。テクノロジーに関するするものだけでなく、「生物多様性」のようなグローバルで重要となっている社会課題に関するものや、「デザイン思考」のような新たな方法論に関する数々の学びを提供してきた。

特に「デザイン思考」の勉強会は、参加者のクリエイティビティを大いに刺激した。ＪＲ東日本が主催していることから、どうしても「鉄道」という視点に偏りがちになる。そうした既成概念を打ち破り、「ユー

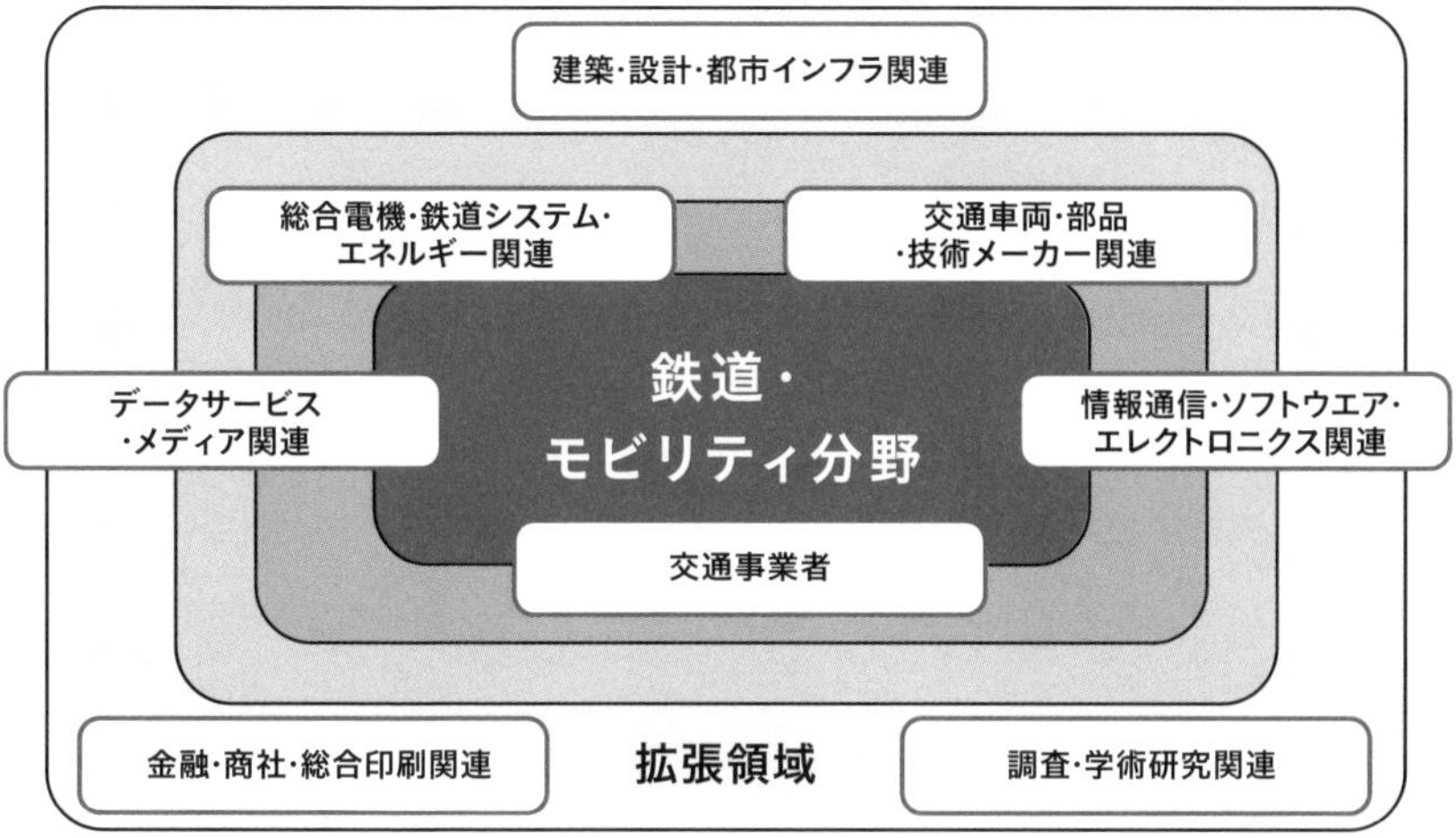

2022年11月末時点、約130社が参画。鉄道やモビリティ分野に限らず、幅広い業界からの参画がある。所属会員一覧はMICホームページ（https://www.jreast.co.jp/jremic/pdf/members.pdf）上で紹介している（出典：JR東日本）

ザー視点とは何か」を改めて感じてもらう意図があった。勉強会のテーマはMICの活動状況に応じて柔軟に設定している。

MICへの参加企業は、入れ替わりもある中で約130社の組織が参加している。参加組織の業界と分野は多岐にわたる。例えば、「交通事業者」「交通車両・部品・技術メーカー関連」「総合電機・鉄道システム・エネルギー関連」「建築・設計・都市インフラ関連」の他、「情報通信・ソフトウエア・エレクトロニクス関連」「データサービス・メディア関連」「金融・商社・総合印刷関連」「調査・学術研究関連」などだ。これらの各分野から企業や団体、大学などが自由意思で参加している。

会員と事務局全員が集まる「総会」は年に1度開催し、1年間の進捗や成果報告と今後の方向性などを共有している。

3

イノベーションを社会実装や事業化につなげる3つのワーキンググループ

「アライアンス型」の取り組みを進める3つのWGについて、それぞれの特徴と概要を紹介しよう。

「Future Mobility WG」は、当初から「総移動時間の短縮」すなわち「STTT（Shortening Total Trip Time＝トータル移動時間の最小化）」という明確な目標を掲げていた。その目標に基づき、当時日本ではまだ曖昧な概念だった「MaaS（Mobility as a Service）」の実現を目指した。ここに「地方における公共交通の維持が困難になっている」という社会課題が加わり、合計4つのサブWGで活動をスタートしている。

MaaSを実現するための検討は、複数年にわたって続けている。さらに、MaaSに限定されない様々な切り口を加えて実証実験を重ね、かなり厚みを持ったサブWG活動に成長している。

「ラストワンマイルの充実」に関するサブWG活動では、当初から「BRT（Bus Rapid Transit：バス高速輸送システム）」の自動運転化という明確なニーズがあった。このBRT自動運転化に関するサブWG活動は、MICの大きな成果の1つであり、その後独立したプロジェクトとしてコンソーシアムからスピンアウトしている。この内容も第4章で詳しく紹介している。

「観光活性ソリューションの検証」に関するサブWG活動は、コロナ禍による移動と観光ニーズの減少に対応するものであり、国内観光の拡大や、地方へのインバウンド送客などを目的としている。AR（拡張現実）やVR（仮想現実）などの技術と、新デバイスとしてARグラスを用いた新たな観光体験に関する実証実験を行ってきた。

2020年11月には、東京駅でスマートフォンをかざすと東北地方の縁起物をモチーフにした3Dコンテンツを、ARで楽しめるイベントや、原宿駅の新旧駅舎をVRで再現し、アートを鑑賞できるようなイベントを実施した。また原宿・明治神宮エリアでは、スマートフォンやARグラスをかざすと観光スポットのガイドやショップ案内などをARで体験できる仕組みの実証実験も行っている。

「Future Lifestyle WG」は、スマートシティの実現を目指して設立された。2017年の設立当初は、まだスマートシティという言葉が一般的でなかったため、本WGの目標は概念的な内容だった。つまり、何を目指すWGか分かりにくい面もあったのだが、逆に「まずはやってみよう」というMIC設立当初の趣旨に最も近いWGだったといえる。

本WGのサブWG活動は、「行きたくなる、住みたくなる、集まりたくなる街のあり方の検討」「駅と駅周辺の街づくりに資するエネルギー最適化のあり方の検討」「安全・安心の街づくりの検討」でスタートした。それぞれの領域で複数のサブWGが派生し、8つのサブWGで活動していた時期もある。

検討や実証実験を進めたものの、思うような成果を得られずに終了した取り組みもいくつかある。イノベーションを目指す以上、百発百中というわけにはいかない。こうした失敗を許容する姿勢も、MICの1つの特徴といえよう。

ユニークなサブWG活動の例として、「駅から始まる『健康になれるまち』」に関するサブWG活動がある。コロナ禍によって利用者が減少した駅に新たな価値を創造するため、駅利用者が気軽に立ち寄れる健康測定施設の実証を行い、好評を得た。詳しくは第4章で紹介する。

「Future Technology WG」は、当初「ロボット活用WG」として始まった。少子高齢化による労働人口の減少を見据え、「モビリティを支える仕事にロボットを活用する」という明確な目標があった。

本WGの立ち上げ当初、JR東日本研究開発センターを中心とし、公共交通機関におけるロボット活用について議論した。その結果、「サービス分野の検討」「メンテナンス分野の活用」「車両工場スマート化」の3つの方向性で活動を進めることになった。これらのうち、1部はJR東日本研究開発センターと連携して進めてきた。

「サービス分野の検討」はJR東日本事業創造本部（現マーケティング本部）とも連携し、様々な実証実験を進めている。2020年3月14日に山手線30番目の駅である高輪ゲートウェイ駅が開業した。JR東日本グループの様々な「やってみよう」を盛り込み、最新の駅サービス設備の導入や実証実験を進めている。MICにおいても、この駅をテストフィールドとして様々な実証実験を行っている。

高輪ゲートウェイ駅は建築家の隈研吾氏によるデザインで、未来感あふれる駅であると同時に、先進的な取り組みを多数導入している。このため、ロボット実証実験の目新しさも相まって多くの方に視察に来ていただき、マスコミに取り上げられたりもした。さらに、これらの取り組みは経済産業省が主導する「ロボット革命・産業IoTイニシアティブ協議会」にも注目され、ロボットの先進的な活用事例として紹介されている。

「案内ロボットのAI育成」に関するサブWG活動では、駅員の案内業務の効率化とサービス品質維持のた

2020年3月に開業した高輪ゲートウェイ駅の外観。JR東日本グループの様々な「やってみよう」を盛り込み、最新の駅サービス設備の導入や実証実験が行われている（出典：JR東日本）

め、ＡＩを活用した駅利用者の案内について検証した。２０１８年より実証実験を重ね、２０２０年度末には仙台駅、秋田駅、新青森駅、秋田駅、海浜幕張駅、２０２１年７月には高輪ゲートウェイ駅に実装している。

「都市圏駅でのロボット検証・基盤連携（２０１７～２０２０年）」に関するサブＷＧ活動では、将来の駅へのサービスロボットの実装を想定し、ロボットの移動技術の検証を行った。さいたま新都心駅での夜間、昼間の実証実験の他、高輪ゲートウェイ駅において、清掃、警備、搬送などの移動ロボットについて実証実験を実施。異なるメーカーの移動ロボットを同時に稼働させる実証実験を実施した。

「メンテナンス分野におけるロボット活用」に関するサブＷＧ活動では、ドローンのメンテナンス作業への活用や、新幹線高架橋の大規模修繕に備えた塗装・コンクリート素地調整業務の自動化と効率化に資するロボットの導入について検証を行った。また「車両工場分野スマート化」に関するサブＷＧ活動では、ＩＤタグを活用した車両工場業務の見える化に取り組んだ。これらのサブＷＧの一部では、その後製品化に向けた検討が参加した各企業で進められている。

WG	検討領域	サブWGテーマ
Future Mobility WG	**MaaSの検討**	需要の可視化による交通行動の最適化実証
		公共交通を軸としたニューノーマル移動促進
		商業×移動の相互活性化
		新デバイスおよびXR技術を活用した観光活性ソリューションの検証
		フラットな移動社会を実現するスマート・バリアフリー
		正しい乗車を促す行動変容
		2次交通と地域の情報連携で地域課題の解決を目指す事業実証
	ラストワンマイル交通の充実にむけた検討	JR東日本管内のBRTの自動運転の技術実証
		自動運転2次交通の包括的サービスの検討・実証
	過疎地域のモビリティの検討	地方中山間地域における交通サービスの包括的な検討・実証
Future Lifestyle WG	**「行きたくなる」「住みたくなる」「集まりたくなる」まちの在り方の検討**	駅からはじまるスポーツのまち
		トレイン＆サイクルが拓くまちの魅力
		地域に即した駅を中心とした次世代街モデル
		駅から始まるモビリティ「サービス空間」
		スマートエキナカの検討（仮）
	安全・安心の街づくりの検討	駅ビルなどのセキュリティ高度化
		災害時における駅のあるべき姿検討
		踏切の安全の高度化
		駅からはじまる「健康になれるまち」
		自販機設置カメラによる白杖検知（仮）
	駅と駅周辺の街づくりに資するエネルギーの最適化の在り方の検討	センサ取得データの解析による快適性向上とコスト最適化
		マイクログリッド・新技術などを活用した再エネ融通
Future Technology WG	**サービス分野の検討**	案内ロボットのAI育成
		都市圏駅でのロボット検証・基盤連携
		ロボットフレンドリーな駅運用環境の検討
	メンテナンス分野の検討	河床解析業務を対象とした測深技術についての検証
		塗装・素地調整業務における自動化・効率化のあり方の検証
		ドローンのメンテナンス作業への活用についての検証
	車両工場スマート化の検討	工場内ロジスティクスのスマート化
	人流の分析・最適化の検討	人流予測による混雑緩和
		快適な移動体験のための広域人流分析アプローチ
		群衆行動解析技術による駅周辺環境の行動最適化
	空飛ぶクルマの検討	駅を基点とした空飛ぶクルマの活用

WGで取り組んだサブWGテーマの一覧（2017～2022年度までの累積実績。活動を修了したサブWGも含む）（出典：JR東日本）

4 新型コロナ禍による社会環境の変化に対応し、「WaaS」の世界観を構築

ここで、MIC全体の取り組みの変遷を概観する。

まず2017年にMICが設立され、募集テーマ領域に対して企業が実現したいテーマを持ってMICに参画した。募集テーマ領域ごとにWGを組織、幹事企業候補によるテーマ案のプレゼンと賛同する会員の募集を経て幹事企業を選定し、各サブWGごとにテーマを決めてサブWGを組織していくなど、MICの活動基盤を構築していった「立ち上げ期」のフェーズになる。

何しろ、このようなテーマ領域の広範性と規模感を兼ねそろえた活動としては国内では誰も経験したことのない取り組みであったため、最初は参加企業の熱意と要望を中心として、「各社がやりたいことをまずはやってみる」ことからスタートした。MICの大きな目的は、他の交通事業者や国内外メーカー、通信会社や保険会社など、異業種の企業が力を合わせてイノベーションを起こし、1社では取り組めないような大きな社会的課題を解決することである。

2018年からサブWGの活動が本格化した。JR東日本とメンバー各社の1対1の関係ではなく、メ

ンバー各社がN対Nで活動するオープンイノベーションを実現するため、NDAの締結や会員の期待値コントロール、実証実験の際の個人データの取り扱いなどに関する広範かつ複雑な実務が必要になった。

エコシステム型オープンイノベーションを意識し、複数のステークホルダーが集まって共創できる環境づくりも重要な要素である。当初は「モビリティの変革」をテーマに活動を推進。取り組みを進める過程でその方向性は「スマートシティ」や「生活者のウェルビーイング」などへと広がっていった。

2019年には、翌年に開催される予定だった東京2020オリンピック・パラリンピックを見据えた取り組みへの会員からのニーズが高まり、「混雑緩和WG」を新設。2019年の後半になると実証活動も本格化し、会員も引き続き増加していた。

そこで、会員間で共通のゴールを共有するために、「未来を目指す旗印」と3つの出口戦略を策定した。その旗印とは、「MICは、モビリティの変革を通じて『すべての人の個性が尊重され、つながり、豊かさ・信頼が拡がる社会』の実現を目指します」というものである。出口戦略とは、「①実証実験を実施し、知見・ノウハウを蓄積・共有する、②実装を実現し、水平展開を図る、③JR東日本に実装する」である。その内容は第5章で紹介している。

そんな中、2020年初頭にコロナ禍が発生した。社会環境が急速に変化したことで、活動の前提条件が変わってしまうような取り組みも出てきた。例えば、新型コロナウイルス感染症への感染を防ぐために在宅勤務や在宅学習が急速に普及し、駅の利用者が激減した。同時に公共的なイベントも中止や延期が相次いだ結果、それまでニーズの高かった「駅の混雑解消」が喫緊の課題ではなくなってしまった。

このように社会課題の前提の変化により、活動にも軌道修正が求められた。グループごとに独自に対応していく中で、MIC全体の活動が発散し、方向性を見失わないよう、全体の方向性や目的をいま1度確

MICの旗印
MICは、
モビリティの変革を通じて
すべての人の個性が尊重され、
つながり、豊かさ・信頼が拡がる社会
の実現を目指します
旗印を具体化
Well-being as a Service（WaaS®）
ひと、社会、地球を“やさしさ”で包み込むまち
Inclusive CITY
“移動の価値を
高める”
“空間の価値を
高める”
STATION
STATION
リアルとバーチャルの
接点からの収集データを活かし
さらに“価値や豊かさを高める”
デジタルツイン
“地方での生活を
豊かに”

MICが掲げる「未来を目指す旗印」を具現化した「WaaS®」の世界観（出典：JR東日本）

認し、参加企業全員で共有する必要性が指摘されるようになった。

そこで２０２０年度に入り、ＭＩＣの求心力を高めるための新たなコンセプトが検討され、２０１９年に設定した旗印を具体化した新たな世界観「Well-being as a Service（ＷａａＳ®）」を創出した。この世界観を体現するテーマの実装に向け、ＷＧの方向性を再び定義し直した。具体的には、ロボット活用のＷＧと混雑緩和のＷＧを統合して「Future Technology ＷＧ」を組織するなどの再編を行い、３つのＷＧに整理した。

この「ＷａａＳ」をＭＩＣが目指すべき方向性として掲げ、展開を進めている。

「ＷａａＳ」が生まれた経緯は次の通りである。まず「Smart City ＷＧ（現Future Lifestyle ＷＧ）」を進めていく中で、「スマートシティ」という言葉の定義について議論することがしばしばあった。当時はスマートシティの明確な定義がなく、何を目指すものか明確になっていなかったからである。そこで、目指すべき概念として浮かび上がってきたのがウェルビーイングであった。

ウェルビーイングは一般的には「幸福（な状態）、健康（な状態）」などと訳され、世界保健機関（WHO）では「幸福で、身体、精神、社会すべてにおいて満たされた状態」と定義される。端的に言えば、「happiness（幸せ）」より広範な概念で、「まち」という存在全体が目指すテーマとして最適ではないかという結論に至った。ウェルビーイングの概念をもとに具体的なまちの形を表現したのがこのイラストであり、これを進める仕組みが「WaaS」である。

前のページの図には、「移動の価値を高める」「空間の価値を高める」「地方での生活を豊かに」「さらに価値や豊かさを高める」という4つのコンセプトが表現されている。社会環境の変化に伴い、その定義や構成要素は徐々に変わっていくことが予想されるが、ウェルビーイングの意味するところは大きくは変わらないとMICでは考えている。ウェルビーイングという語は日本語にはない概念であり、我々が考える解釈・定義としては「私たちにとってのウェルビーイング」と「自分にとってのウェルビーイング」で構成し、具体的には「市民参画のしやすさ」「多様性」「交流」「利用しやすさ」「愉しみ」「持続可能性」「回復力」「ビジネス創出」「安心・安全」といった要素がある。

5

エコシステム型オープンイノベーションを誘発するマネジメントとは？

イノベーションをうまく機能させるために最も重要なのは、全体のマネジメントである。「イノベーション3・0」、すなわちエコシステム型のオープンイノベーションを実現するため、MICでは全活動を3つのレイヤーでマネジメントしてきた。それは、「ビジョン」「オーケストレーション」「オペレーション」である。

「ビジョン」とは、現在の立ち位置をとらえて未来のビジョンを構想し打ち出すことである。内部と外部の変化に合わせてビジョンを常にアップデートし、具体化していく必要がある。また、ビジョンは事務局が掲げるだけでは意味がない。あらゆる機会を通じて何度も参加会員に発信し続け、共有していく必要がある。これにより、すべての活動が1つの方向に向かって進む状態を維持する。

その一例は、2019年に策定した「Well-being as a Service（WaaS）」である。未来に実現するビジョンを分かりやすく可視化し、メンバー間で共有した。

「オーケストレーション」とは、MICに関わる組織や生活者がつながり創造できる場を設計、提供する活動のことである。例えば、会員の交流会やMIC内外組織へのPR活動など、MICを取り巻く多くの関係者が連携できる枠組みをつくること。また、参加会員やJR東日本の考えに耳を傾けながら、外部環境の変化も踏まえて実証テーマの追加や卒業を全体管理することである。

「オペレーション」は、不確実な環境下でもイノベーション活動の企画から実行までを機動的に進めていく活動である。これには、実証活動における実証計画の作成や関係者間の調整や打ち合わせ、契約実務などが含まれる。中でも、1対1ではなくN対Nで自由闊達に活動するための契約形態の設計などに腐心した。

この3つのレイヤーによるマネジメント活動は、常に並行して進められる。同時に、内外の社会環境の変化に対応して変化させていく必要がある。特に大きな変化があった場合には、レイヤー間の相互連携や同期が求められる。

例えば、「オペレーション」を「オーケストレーション」に同期させたケースがある。東京オリンピック・パラリンピックが近づくにつれ、駅や施設の混雑緩和への期待が参加会員の間に高まってきた。これを受け、「混雑緩和WG」を新設した。

さらに、「オペレーション」を「ビジョン」に同期させたケースもある。「まずはやってみよう」でMICをスタートさせた後、多数のサブWG活動が本格化してきた。すると、サブWGによって方向性や出口が曖昧になり、拡散してきた。例えば、あるサブWGは活動が停滞したり、あるサブWGは総花的な活動になってしまったりするような事態だ。「オペレーション」のレイヤーで起きたこうした事態を解決するため、「ビジョン」のレイヤーで何か行動を起こす必要に迫られた。そして誕生したのが「未来を目指す旗印」である。

また、その後のコロナ禍の発生により、MICにとっても大きな方向転換が迫られることになった。この時、「ビジョン」を「オペレーション」に同期させた。すなわち、「未来を目指す旗印」をより具体化した

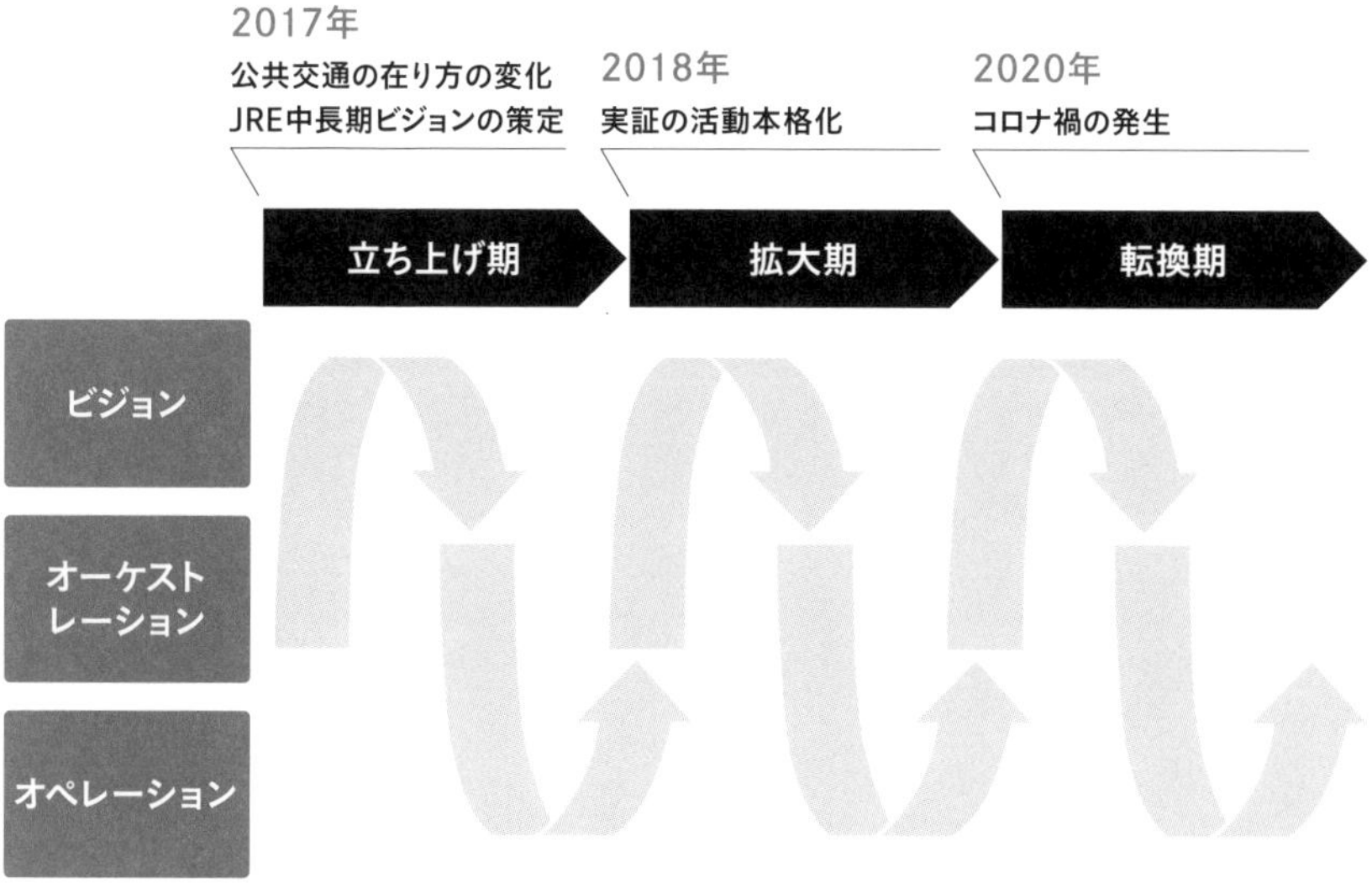

大きな目的を実現していくため、外部環境の感知と捕捉を行いながら、「ビジョン」「オーケストレーション」「オペレーション」の3つのレイヤーでマネジメントを進める必要がある（出典：JR東日本）

「WaaS」という新たなビジョンを掲げ、このビジョンに同期させる形で各活動の方向性を見直した。これにより、MICの活動全体をコロナ禍という外部環境の変化に対応させることができた。

このように、「ビジョン」「オーケストレーション」「オペレーション」の各レイヤーで考えていくことで、イノベーションを目指す方向へ開花させるマネジメントが可能になる。

以上、MIC設立のきっかけから組織体制、活動内容、活動の変遷、マネジメントなど、MICの全貌を紹介した。

大きな社会課題を解決するエコシステム型のオープンイノベーションは、まだ始まったばかりだ。今後も試行錯誤を続けながら、オープンイノベーションのプラットフォームとして、より高みを目指して活動を続けていく。

第4章

エコシステム型オープンイノベーションによるMICの課題解決事例

MICがWaaSの実現に向けて取り組んだ9つの代表事例

モビリティ変革コンソーシアム（MIC）は、設立当初は「モビリティ変革」を目指す場として活動を開始したが、活動の進展とともに、よりレイヤーの高いウェルビーイング（Well-being：幸福な状態、健康な状態）の概念に着目し、モビリティを含み、さらにその周囲にある生活者のウェルビーイングへと活動を拡大してきた。2022年までの5年間で、合計30以上のサブワーキンググループ（サブWG）が活動を進め、各種の実証実験を行ってきたのである。このときに重視したのは、各サブWGが主体的に活動を推進することであったが、それぞれが個別にバラバラの方向性で活動するのではなく、「共通して目指す世界観のWell-being as a Service（WaaS）を実現する」という指針に基づいて運営してきた。

4章では、WaaSの実現に向けてMICがどのような社会課題に対し、どのようにエコシステム型オープンイノベーションを構築し、社会・産業・生活者にどんな成果をもたらすことができたかについて、具体的な事例を基に紹介する。

MICがエコシステム型オープンイノベーションの手法を用いて、取り組んできた社会課題解決事例は、主に下記の3つに分類できる。
・移動×空間価値の再定義（経済圏の拡大）
・持続可能な社会システムの構築（地域主体の地方創生）
・生活者とテクノロジーの協調（人中心の技術革新）
1つ目の視点「移動×空間価値の再定義（経済圏の拡大）」では、JR東日本の既存活動の視点を超えて、移動や「駅」といった空間が生み出す新たな価値を検討し、社会への提供価値の拡大や経済活動の活性化に貢献することを目指した取り組みである。例えば、デジタルサイネージを活用し駅周辺の行動を最適化することで、駅の混雑緩和に役立てるとともに、サイネージを生かして駅周辺施設の経済活動を創出するような活動を行った。

MICでは都市を対象とした実証実験だけでなく地方での活動や、都市と地方をつなぐ活動も推進してきた。2つ目の視点「持続可能な社会システムの構築（地域主体の地方創生）」では、人口減少が進む中、地域の既存インフラや社会システム、あるいはその地域の個性などを生かすことで、都市部とは異なる形での地方の持続的なまちの在り方の構築に貢献することを目的とした。例えば、震災復興地域での公共交通の担保としてBRT（バス高速輸送システム）の自動運転技術を実証する実験に取り組んでいる。

3つ目の視点「生活者とテクノロジーの協調（人中心の技術革新）」では、ただ単に新たなテクノロジーを実証するのではなく、生活者の気持ちや暮らしに寄り添った新たなテクノロジーの在り方について生活者を巻き込みながら実証し、社会受容性向上に貢献する仕組みの確立を目指した。例えば、「空飛ぶクルマ」という多くの人が耳にしたことはあるが、実現したい未来や各自が抱く不安が曖昧なものに対し、一般生活者へのVR体験機会提供などを通じて社会受容性の確認とその向上に努めた。

課題解決の視点	活動事例
移動×空間価値の再定義（経済圏の拡大）	スマートサイネージによる公共空間の混雑解消
	群衆行動解析技術による駅周辺環境の行動最適化
	エキナカ空間を活用した健康増進
	新型コロナ禍におけるXRを活用した新たな観光体験の開発
持続可能な社会システムの構築（地域主体の地方創生）	BRTの自動運転による持続可能な公共交通の構築
	地域に即した駅を中心とした次世代街モデルの構築
	トレイン&サイクルを活用した地方の観光活性化
生活者とテクノロジーの協調（人中心の技術革新）	人とAIの役割分担による案内業務の効率化
	空飛ぶクルマの社会受容性の構築

WaaSの実現に向けて、サブWGで社会課題の解決に取り組んできた。次頁以降で紹介する9つの代表事例をまとめた（出典：モビリティ変革コンソーシアム Future Mobility WG,Future Lifestyle WG,Future Technology WG）

次節からはMICが取り組んできた事例のうち９つの事例について順次紹介していく。

2 移動×空間価値の再定義（経済圏の拡大）

①スマートサイネージによる公共空間の混雑解消

活動背景

野球やサッカーのスタジアム、劇場、コンサート施設、大型行楽施設などの最寄り駅、およびその周辺では、２つの大きな課題を抱えている。

１つは、大型施設で催されたイベントの終了後、解放された大勢の観客が一斉に駅に押し寄せるため、一時的に大混雑が起きる。この混雑は駅の利用者にとって「帰りたいのになかなか帰れない」といったストレスになるだけでなく、利用者同士の思わぬトラブルや事故、急病人の発生などの原因になる場合がある。またイベントに無関係な住民や利用者にとっては、この大混雑は迷惑でしかない。

もう一つの課題は、近隣の商業施設に関わるものである。イベント終了後に駅へ向かう人の多くは、普段からその駅を利用しているわけではない。近隣のレストランやショップなどに詳しくないため、早く電車に乗って帰ることを優先的に考えてしまう。多くの人が駅を利用するにもかかわらず、周辺の商業施設への経済波及効果は生まれにくいのである。

混雑の緩和と、周辺の商業施設への集客。本サブWGでは、この2つの課題を解決する取り組みを検討し、実証実験を行った。

活動概要と経過

2018年度は、まず課題解決のためのコンセプトや目的、ターゲットの設定、検証する内容、検証結果を評価するための評価指標、基本的なシステムの構成やスケジュールなどを検討、整理した。このとき、「スポーツ門前町」というコンセプトを掲げた。駅と大規模施設の間を参道と捉え、イベント施設だけでなくまち全体を来訪者に広く利用してもらい、地域経済の活性化を目指すことを趣旨として掲げた。

そして、2018年度から2019年度にかけて3つの実証実験を実施した。

まず、「駅からはじまるスポーツのまち」というコンセプトの下で第1回目は2018年8～9月、第2回目は2019年1～2月、第3回目は2019年8月～2020年1月に実証実験を行った。実証実験の舞台は千葉県の海浜幕張駅である。同駅から徒歩15分ほどの場所に、大規模集客施設「ZOZOマリンスタジアム」がある。プロ野球の「千葉ロッテマリーンズ」の本拠地であり、野球の試合だけでなく、コンサートや大型イベントが行われるため、イベントが開催される日は多くの人が駅や施設周辺に集まる。そこで、ＪＲ東日本が運営している京葉線沿線情報アプリ「京葉線プラス」の中に実証実験用の特設コンテンツを設け、駅周辺エリアの商業施設に関する情報を提供した。第1回目の実証実験では、海浜幕張駅およびZOZOマリンスタジアムにスマートサイネージ（映像表示だけでなく人流解析技術などを搭載した多機能デジタルサイネージ）を設置し、混雑予測情報の提供を行った。その後、第3回目の実証実験では、スマートサイネージに周辺施設の情報やスポーツチームのコンテンツを提供することで、よりスポーツを楽しんでいただきつつ、イベント開始前や終了後の周辺施設への誘導を試みた。さらに、海浜幕張駅に加えて、同じ千葉県の蘇我駅や千葉駅にもスマートサイネージを設置し、対象エリアの拡大を試みた。また、提供する情報も増やし、駅周辺の商業施設の情報だけでなく、新たに駅の混雑予測の情報を加えた。

海浜幕張駅の混雑予測の情報提供は以下の方法で行った。まず、海浜幕張駅の改札付近とZOZOマリンスタジアムに赤外線センサーを設置し、通る人数をリアルタイムにカウントする。次に、過去に測定した時刻ごとの駅の入出場者数のデータとリアルタイムの計測人数を照らし合わせて分析し、5分後、15分後、30分後の海浜幕張駅の入場者数を予測した。この情報は、混雑度という利用者に分かりやすい形に変換し、アプリとスマートサイネージの両方から提供した。

利用客は自身が駅に着く頃の混雑予測データを見ることで、このまま駅へ向かうか、少し時間をずらして混雑を避けるべきかの検討が可能になる。同時に、周辺にあるレストランや居酒屋、商業施設などの情報を提供することで、商業施設への興味を喚起し、地域経済の活性化を図る。

実験の結果、駅の混雑予測の精度は非常に高く、実績とほぼ乖離（かいり）がないことが確認された。また、混雑を嫌う利用者を駅周辺エリアの商業施設へ導くことにも成功。アプリでは、事前にユーザーから

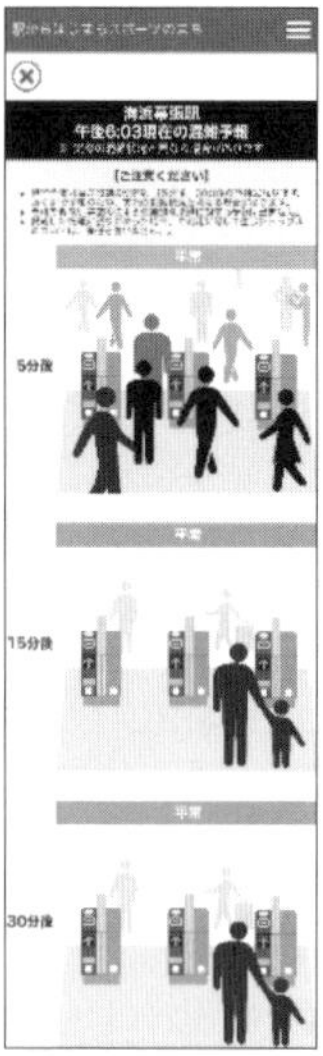

アプリの画面（左）と海浜幕張駅に設置したスマートサイネージ（右）。5分、15分、30分後の混雑状況と周辺商業施設の情報、スポーツチームのコンテンツを提供する（中央）（出典：駅からはじまる「スポーツのまち」サブWG会議資料）

収集した属性や訪問目的、現在地情報などの情報とその時の天候、時間帯などのデータを組み合わせて分析し、ユーザーの状況と適合度の高い情報を優先的に提供することで、情報価値を高めた。

　これらの実証実験を経て、2021年度にはこのシステムを社会実装した。この社会実装は、MICにおける初の実装事例となった。海浜幕張駅と蘇我駅、およびZOZOマリンスタジアム内に設置したスマートサイネージと、京葉線プラスアプリ内のコンテンツから、駅の混雑予測や駅周辺施設の情報を提供している。（※海浜幕張駅とZOZOマリンスタジアムのスマートサイネージは2022年3月末に撤去。駅混雑予測情報の提供も同時期に終了）

エコシステム型オープンイノベーションならではのメリット

　取り組みは3年間にわたったが、参加企業の協力によりスピード感を持って進めることができた。

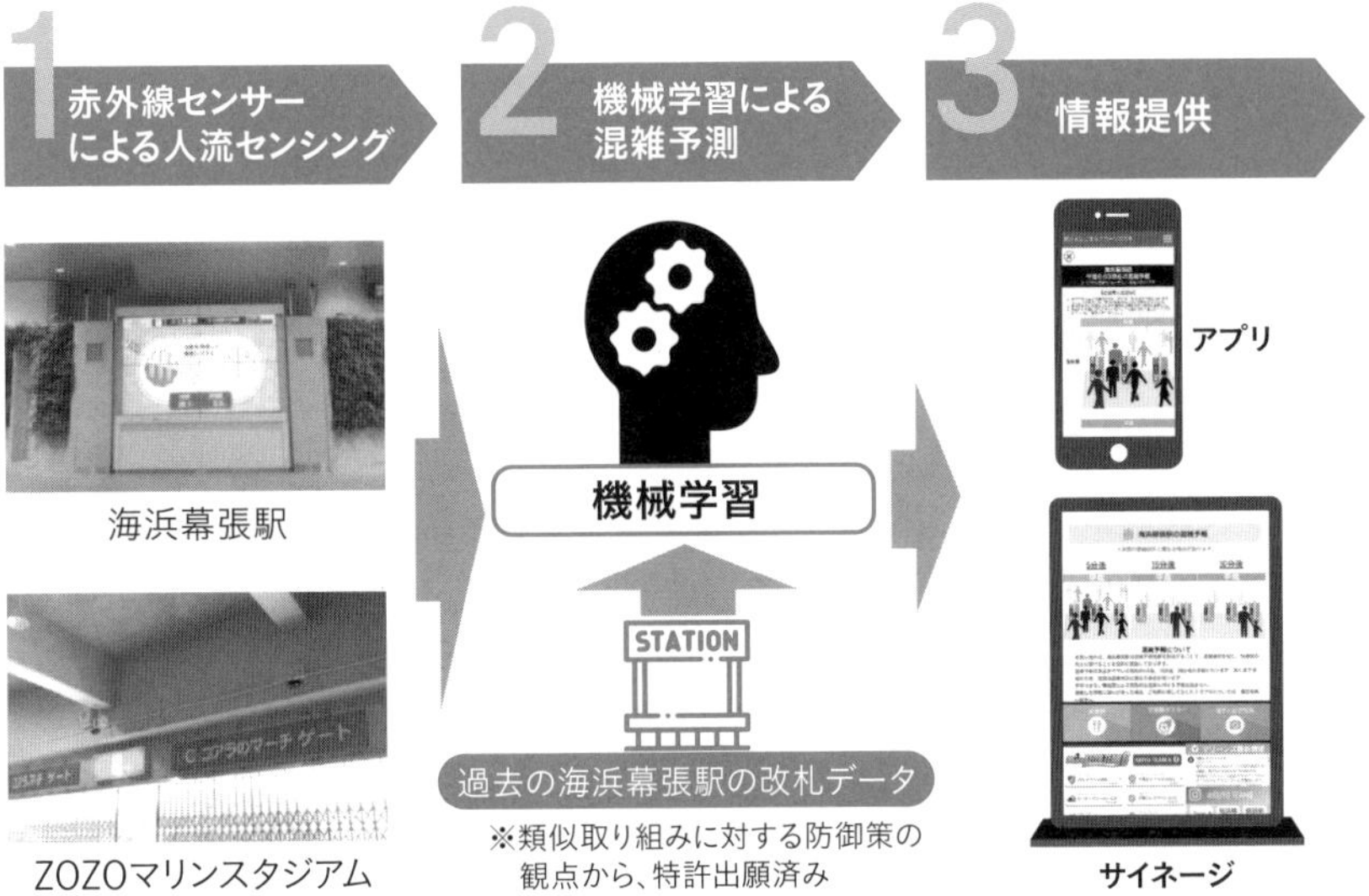

海浜幕張駅の混雑予測。駅とZOZOマリンスタジアムに設置した赤外線センサーで計測した通過人数と、過去の駅改札データを基に、5分、15分、30分後の駅の混雑を予測する（出典：駅からはじまる「スポーツのまち」サブWG会議資料）

異なる分野の得意技術やノウハウを持つ企業が参加したことで、複雑な仕組みを効率的に実現できた。

混雑状況の予測では、データ分析が得意なメンバー企業が赤外線センサーを使って人流データを取り、過去のデータと合わせて分析、混雑状況を予測するところまでを担当。その情報をアプリとスマートサイネージへ組み込むシステムは情報インフラ企業が構築した。デジタルサイネージのベンダーが製品を提供し、IT企業がアプリを開発し、JR東日本がそのアプリへリンクする既存アプリを提供。参加メンバーがそれぞれ得意とするノウハウやアセットを持ち寄り、この複雑なシステムをスピーディーに構築した。

JR東日本にとって、海浜幕張駅の混雑は従来の課題だった。これまでは、駅社員の対応によって駅利用客を誘導し、トラブルを未然に防ぐ対策に注力してきた。しかし今回は視点を大きく変えて、駅の利用客ではなく、駅周辺の施設の利用客に対して新たな行動を促すことで、結果的に駅の混雑を緩和できることが証明された。デジタルを活用したこのアイデアは新鮮であり、その実現はＪＲ東日本1社だけでは極めて難しかったものである。

メンバー企業の入れ替えが多かったことも、本サブＷＧの特徴である。当初は16社ほどのメンバーでスタートした。参画企業が多かったため、広く多角的なアイデア創発と活発な議論が繰り広げられた。その後、実証実験に向けた検討具体化のために、実現したいソリューションに対する必要な技術や能力に関して議論を進めたところ、最終的にはＪＲ東日本を含め6社に絞られた。これは、参画企業が互いに議論をしながら取捨選択し、検討を前進させた結果である。例えば、参画企業が入れ替わる過程において、混雑予測のシステムとアルゴリズムを持つ企業が途中から参加したことで、システムのクオリティーの向上を実現できた。

サブＷＧから退出した企業も、コンソーシアムから抜けたわけではない。モビリティ変革コンソーシアムには複数のサブＷＧがあり、それらに参加して活動をしていく中で、活躍できる可能性があるサブＷＧに絞り込んでいったものと考えられる。

今後の展開

新型コロナウイルス禍でイベントは減少しているが、コロナ禍が落ち着けばまたイベント施設に人が戻ってくると予想される。このシステムを水平展開し、より多くの駅や施設での混雑緩和に貢献していけるのではないかと考えている。また、同システムを広げていくには、利用するハードルを下げていく必要があり、その1つとしてシステム全体のコストを低減する検討が必要になろう。

また、大型イベント施設には自治体や特定の団体が所有しているものも多い。自治体や他団体と相互間での情報共有や混雑緩和に向けた取り組みを連携することで、活用の場はさらに広がると考えている。

例えば、現在東京ドームでは、野球の試合終了後に、場内の大型ビジョンに、水道橋駅の混雑状況を放映している。試合終了後に帰宅する利用客に向けて、駅の状況を周知することで、利用客自身が帰宅のタイミングを調整することができる。また、混雑を避けるために、施設周辺の飲食店などに立ち寄る利用客が増え、まち中全体に活気が生まれるという副次的なメリットもある。駅や大型イベント施設が個別に混雑対策を実施するのではなく、相互に連携を図ることで、その効果は2倍にも3倍にもなると考えられる。

②群衆行動解析技術による駅周辺環境の行動最適化

活動背景

本テーマは、人流をセンシングする技術の活用によって駅の混雑を緩和し、利用客のリスクの低減と快適な利用を目的としてスタートした。しかし、検討を始めた後に始まったコロナ禍により、「混雑」自体が激減し、当初想定していた課題ではなくなった。そこで、駅構内の人流データをセンシングし、サイネージ広告やスマートフォンを活用した情報提供などに生かすことで、それまでのリスク対策から、駅利用・駅空間の付加価値向上や生活者接点を活用した経済活動の創出・活性化を目指す取り組みへと方向性を転換させた。その結果、駅利用時の安全性を確保したうえで、快適かつ有意義な駅利用の実現を目指している。

活動概要と経過

初年度となる２０１９年度は、まず人流データの可視化技術を検証した。新国立競技場のこけら落としに合わせて新宿駅にカメラやＷｉ－Ｆｉセンサーを設置し、ＡＩ（人工知能）を用いたカメラ画像解析技術などにより人の動きと混雑状況をセンシングした。２０２０年度には、さいたま新都心駅と北与野駅の構内にカメラを設置、さらに両駅およびさいたまスーパーアリーナ周辺にＷｉ－Ｆｉセンサーを設置して、広域に人流をセンシングする取り組みを行った。そして、その結果を関係者のスマートフォン向けの地図アプリ上に表示した。

各駅の混雑度をリアルタイムに可視化することで、ユーザー自身の判断で利用する駅を変えたり、目的地へ至るルートや交通機関を適宜変更したりすることができる。リアルタイムなデータ提供によって自ら混雑のストレスを避け、快適な移動を可能にする。そのために必要な要素や条件を検討・分析した。

コロナ禍によって課題と方向性が変わった２０２１年度は、人流データを駅構内の利用者の付加価値向上に生かす想定で実証実験を実施した。新宿駅東西自由通路の複数のポイントにＡＩカメラと指向性Ｗｉ－Ｆｉセンサーを設置。通路を行き交う歩行者をカメラで撮影し、画像解析技術で歩行者の性別や年齢などを把握するものである。

また、カメラとＷｉ－Ｆｉセンサーによってデータを自動的に取得するだけでなく、「人の目」による補足を目的とし、現地に人を派遣して通行者の人数や性別、年齢などを目視でも計測した。これら両者のデータを照合し、計測データの信頼性を確認している。

2020年
さいたまスーパーアリーナ周辺
各社で計測した人流から混雑度を
Webで可視化

2021年
新宿駅東西自由通路
各社で計測した人流から属性などを
可視化

新宿駅東西自由通路の複数のポイントにAIカメラとWi-Fiセンサーを設置し、画像認識によって通行者の年齢や性別を測定（出典：NEC、国際航業、サーベイリサーチセンター）

Wi-Fiセンサーは、歩行者が所有するスマートフォンをセンシングすることで歩行者の位置が分かるもの。これにより「朝来た人がまた夕方に通った」など、タッチポイントへの接触回数や移動ルートなどの把握が可能になる。

自由通路を利用する歩行者のペルソナデータを時系列に沿って取得できれば、様々な目的に活用できる。例えば、広告掲出クライアントとともに検討し、提供することで駅広告媒体の価値向上につながっていくことが期待できる。視聴率が確認できるテレビ広告やユーザーデータをデジタルで取得できるネット広告と比べ、これまで駅広告は視聴者を特定することが難しいという難点があったが、これを克服することが可能になる。現地には「新宿ウォール４５６」と呼ばれる、45.6mと世界有数の長さを誇るデジタル広告サイネージがあり、広告媒体として人気が高い。

また、近隣の商業施設のセール情報や特典情報などを、自由通路を歩く特定層の人にスマートフォンを介して提供することも可能になる。

こうしたリアルタイムな人流センシングシステムを増やしていくことで、駅の機能に新たな価値が創造される。駅広告や利用者への情報提供を向上させるだけでなく、混雑時や災害時に人流データをセンシングして、タイムリーに情報発信することにより、人の動きをより適切にコントロールし、事故や被害の防止につなげていくことが可能になると考えている。

エコシステム型オープンイノベーションならではのメリット

本サブWGはIT企業を幹事とし、ソフトウエア開発会社、公共コンサルティング会社、マーケティングリサーチ会社、地図サービス会社などが参加した。それぞれが専門性を持ち寄ることで、個社単独では実現できない、複雑かつ高度なプロジェクトのスピーディーな実現が可能となった。

例えば、駅構内の人流をセンシングすることはJR東日本1社でも可能かもしれない。しかし、地図サービス会社が入ることで、データを地図上に表示し、利用客に分かりやすく可視化して示すことができる。また、マーケティングリサーチ会社が入ることで、リサーチのノウハウや取得データの価値の最大化が可能になる。Wi-Fiやカメラの制御、AIを活用した解析ソフトの開発なども、各社が得意とする技術を持ち寄ることで短期間に実現できた。

このように、MICの大きな特徴は、JR東日本と各社が1対1でつながるのではなく、各社同士がN対Nでつながり、ネットワークを形成することである。コロナ禍のように生活者のライフスタイルが突如大きく変化し、課題の捉え方の転換が必要なケースにおいても、N対Nの多面的な視点で議論し解決を試み

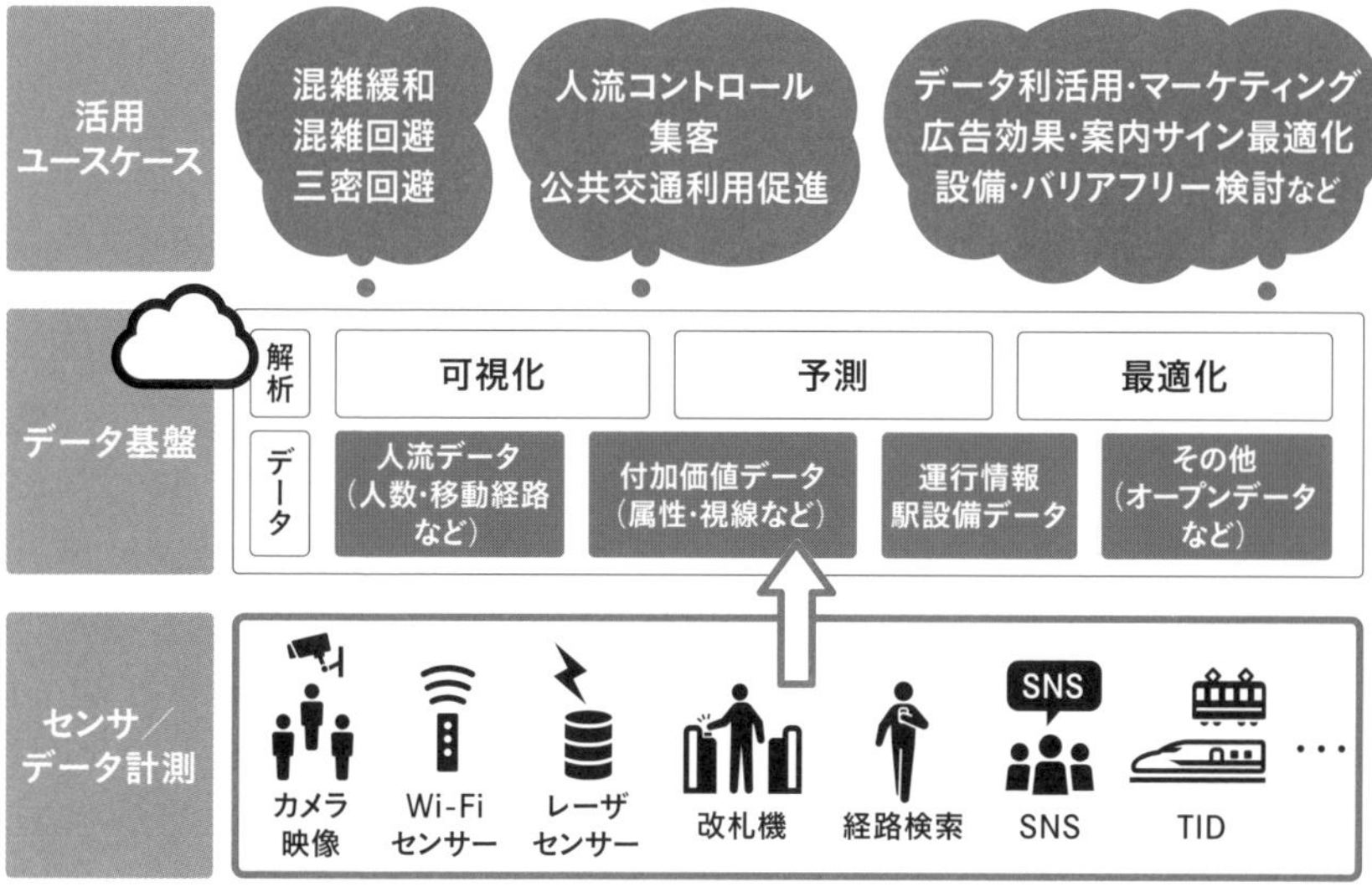

参加企業が技術やノウハウを持ち寄り、個社では実現できない高度なプロジェクトをスピーディーに実現（出典：NEC）

ることで、正解のない課題に対して確度の高い課題解決の方向性を見いだすことができる。

参加企業のメリットの1つは、人がリアルに行き交う駅構内を舞台に、自社の製品や技術、ノウハウを検証できることである。さらに異なる業種の他企業との議論、検討を通じた実証実験の計画、推進など、通常では容易に得がたい貴重な機会が提供されていることも大きな利点となる。

今後の展開

今後は、駅構内の広告価値向上につながるデータ取得およびその分析・検討をさらに進めていく。具体的には広告会社へのヒアリングなどを通じて、広告提供者のニーズをより詳しく把握し、それに対応したデータの取得と活用を目指していく。そして効果的なコンテンツの提示や、デジタルサイネージを動的に変化させる技術、ユーザー個人の心情に寄り添えるようなコンテンツの提示など、広告や情報活用の進化の方向性を見据えつつ、より効果の高いモデル構築に向けて、参加企業間で検討を続けていく。そして、ある程度の方向性が見えてきた段階で、再びアジャイルに実際の駅という実フィールドを活用した実証実験を行う計画である。

③エキナカ空間を活用した健康増進

活動背景

2020年初頭に新型コロナウイルス禍が発生。職場などでの感染拡大を防ぐため、出社を制限する企業が増え、テレワークと在宅勤務が一気に広がった。学校の授業もオンラインで行われるようになると、通勤や通学をする人が減り、鉄道による移動需要が急激に減少した。

それでも駅を利用する人がゼロになったわけではない。駅という空間をモビリティ以外の目的で生かす方法はないのか。駅の付加価値を高めるため、エキナカ空間の活用の可能性について模索することになった。

一方、コロナ禍が人々に与えたもう1つの影響が、健康意識の高まりである。通勤や通学をしなくなり、自宅での滞在時間が増えたことで、運動不足の問題も表面化してきた。その結果、散歩やストレッチ、健康食品、メンタルヘルスなどへの関心が高まっている。

そこで、エキナカ空間とヘルスケアを組み合わせた新たなサービスの可能性を検討するため、「駅からはじまる『健康になれるまち』」のサブWGを発足させた。WaaS（Well-being as a Service）の実現を念頭に、人々の生活に寄り添ったまちの価値や豊かさの向上、健康維持と健康増進への寄与、駅空間の価値向上を目指すものである。駅におけるヘルスケアサービスの構築と実装、事業化を最終ゴールとし、サービスの開発と実証実験を実施している。

活動概要と経過

２０２１年度は、こうしたサービスに関する基本的なニーズを把握するための実証実験を行った。横浜駅の中央通路にある「ＹＯＫＯＨＡＭＡ ＳＥＥＤＳ」のスペース内に会場を設けて健康測定サービスを提供したのである。２０２１年11月８日から12月８日まで、平日のみの14時～20時に実施した。この実施時間は、会社や学校から帰宅する人をメインターゲットにするとともに、関係スタッフの対応可能時間を勘案して設定した。

会場内には「歩行姿勢計測」「体組成測定」「血管年齢とストレスの検査」「肌年齢の測定」の４つの健康測定機器を設置。４つすべてを体験した方には、施設の隣にあるコンビニエンスストア「ＮｅｗＤａｙｓ」で利用できる「５％オフ」クーポンを提供した。

利用者には、事前にＷｅｂサイトで利用登録をしてから体験していただく手順で、４種類の測定には10分ほどかかる想定をしていたが、実際には15分から30分かかる人が多かった。

この実証実験の結果、健康測定サービスに確かなニーズがあることが確認できた。ＩＤ登録数は22日間の合計で１０７９件、利用数は延べ１１１６件、複数回利用した人は38人であった。男女比率は１対２で、20代から50代の女性が多かった。クーポンの利用回数は２３２件で利用率は28％となり、クーポンを利用した人の男女比率は半々であった。利用者のアンケートによれば、訪問した動機で多く見られたのは「利

2021年の実証実験の様子。実証実験スペース外観（左上）、内装および測定の様子（左下）、NewDays店舗内健康関連商品棚（右）（出典：駅からはじまる「健康になれるまち」サブWG会議資料）

用したい測定器があった」「なんとなく時間があった」であった。

一方で課題もあった。測定器が出力する感熱紙に書かれたデータをスマートフォンで撮影することによって、測定したデータを自動入力できる予定だったが、実際にはうまくいかないケースも散見された。そこで、スタッフがすべて測定したデータを手入力したため、運営サイドの負担が想定より大きくなった。また、測定サービスの利用者とクーポンの利用をひも付けるデータがうまく取得できず、事業化への具体的な検討につなげることが難しかった。

2022年はこれらの課題を改善することを目指し、再度実証実験計画を立てた。健康計測サービスの提供によって利用者の行動変容を検証することを目的とした実証実験を行った。場所は前回と同じ「横浜駅中央通路　YOKOHAMA SEEDS」で、

測定利用実績

ID 登録数 1079 件

利用数（延べ） 1116 件

複数回利用 38 人

クーポン利用実績

利用回数 232 件

クーポン利用率 28 %

購入商品数 439 人

本サービス利用動機

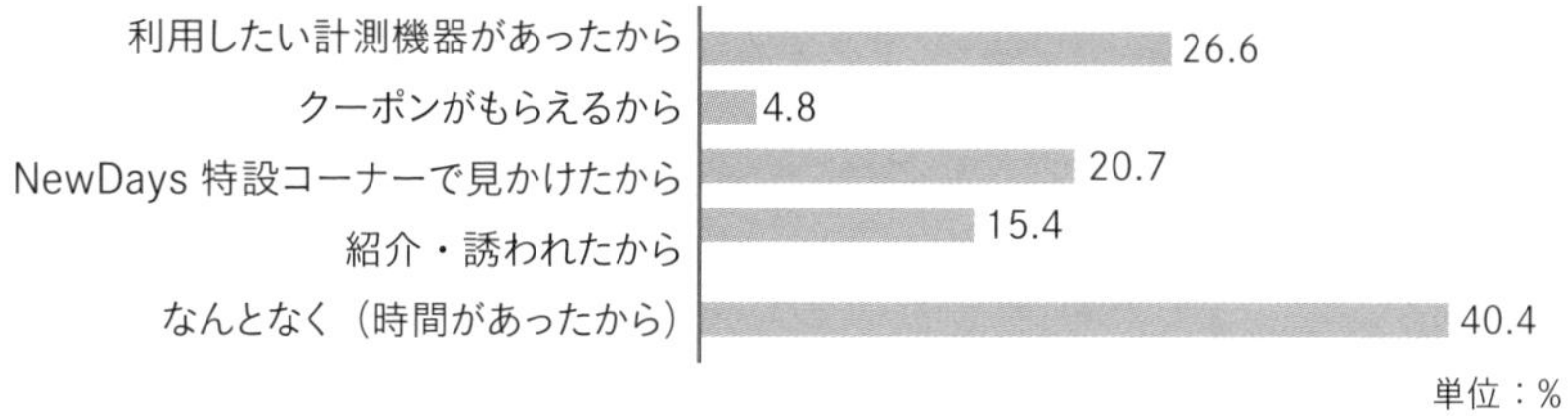

2021年の実証実験の結果（出典：駅からはじまる「健康になれるまち」サブWG会議資料）

実施期間は２０２２年11月10日から11月30日までの14時から20時までとし、今回は土休日も実施した。２０２１年の実証実験との比較のため、実験の総日数は21日とほぼ同様で、実施時間は同じである。

２０２２年の実証実験で用意した測定機器は「自律神経チェッカー」「体組成計」「AGEs（Advance Glycation End Products）測定」の３種類である。帰宅途上の人は時間に余裕がなく、これらすべてを体験してもらうと時間的な負担が大きくなるため、今回は１つ以上の測定機器を体験すればクーポンを提供することとした。クーポン内容も充実させ、14種類の商品やサービスの中から選べるようにした。

今回の手順は、まず受付でＱＲコードのついた「利用カード」を利用者に手渡し、利用者はスマートフォンでＱＲコードを読み取ってWebサイトにアクセスする。測定デバイスを試すと測定結果が自動的に登録され、測定後、アンケートに回答す

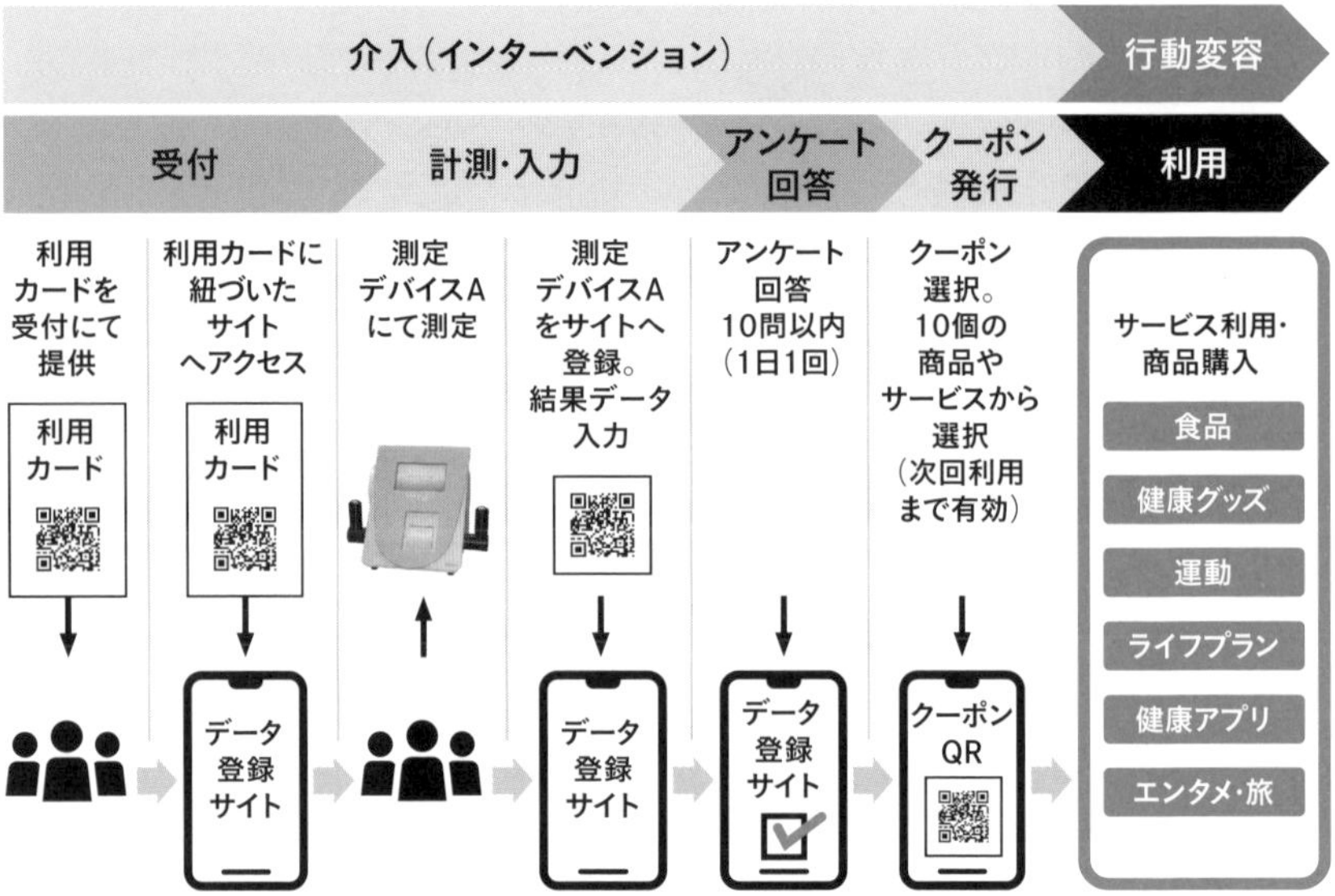

スマートフォンを活用した2022年の実証実験の概要（出典：駅からはじまる「健康になれるまち」サブWG会議資料）

ると画面が遷移してオンラインクーポンを選ぶことができる。1回の計測につき、1つのクーポンが得られる仕組みとした。

エコシステム型オープンイノベーションならではのメリット

JR東日本には健康測定やシステム設計のノウハウがないため、この活動は基本的にオープンイノベーションでなければ実現できない取り組みだったといえる。情報システム会社やモバイルシステムの会社、食品卸の会社の他、保険会社も入り、健康と保険の事業性についても検討している。JR東日本が単独でエキナカの空間で健康測定を実施した場合、いかに利用客に鉄道を使ってもらい会場まで足を運んでもらうかという視点での検討となってしまい、エキナカとその周辺施設や鉄道以外のサービスとの連携という発想にまでは、なかなか広がりにくいと考えられる。本サブWGではテクノロジー系の企業や生活サービス提供系の企業などとN対Nで連携したことで、より利用客の生活に密着したサービスの提供まで、その検討の幅を広げることが可能となった。例えば、2022年の実証実験では、エキナカでの健康測定サービスそのものだけでなく、そこに参加した人にどのような行動変容が生じるかにフォーカスして分析を行った。

2021年から2022年への移り変わりの中で参加企業が3社減少し、幹事会社も交代した。事業化までの計画の時間的な長さと進捗の速度は、参加企業によって異なり、企業それぞれの考え方によってメンバー構成に変更が生じた。コンソーシアムは、生活者の日々の生活に組み込まれたリアルな場を活用してアジャイル（機敏）に実証実験を行う点が特徴的である。各社のテクノロジーありきではなく、リアルな実証の場の利用者の反応次第で、必要なアセットや戦略を適宜変更、取捨選択しながら活動することによって、スピード感をもったサービスの開発・提供を行うことが可能となった。

今後の展開

現時点では様々なハードルがあるが、将来的には、健康測定によって駅を利用される方自身の健康への意識や気づきを高め、薬局やオンラインで薬剤師に相談の上、薬を受け取れるようなサービスの提供も視野に入れている。

また、改札に健康測定機器を設置し、改札を通るだけで歩行姿勢がチェックできたり、駅への設置が進んでいる個人用ブース内の椅子に座るだけで自動的に健康状態が測定できたりするなど、駅を利用するだけで自然に健康状態をチェックできるような仕組みも構想している。

本サブWGの活動状況はJR東日本のマーケティング担当箇所とも情報共有し、事業化の可能性を探りつつ、取り組みを着実に進めている。

④新型コロナ禍におけるXRを活用した新たな観光体験の開発

活動背景

新型コロナウイルス感染症の拡大によって鉄道やバスをはじめとする公共交通機関を利用した移動・観光需要は大きく影響を受けた。そこで、国内観光の拡大や地方へのインバウンド送客など、失われた観光需要を改めて掘り起こすことが重要な課題となった。こうした課題に対し、AR（拡張現実）やVR（仮想現実）などのXR（クロスリアリティー）技術を活用した新たな観光体験の価値の提供による、観光活性化を目指した実証実験を行うこととした。

活動概要と経過

2019年度の開始当初は、郊外観光型MaaS（Mobility as a Service）を想定した新規テーマ創発活動としてスタートした。複数の会員企業が集まり、デザイン思考によるワークショップを開催し、その結果アイデアとして採用されたのが「ARグラスによる観光体験」である。実証実験の候補地として、長野県善光寺を想定し、現地調査やユーザーインタビューなどを行い、XR技術を活用した観光案内ARの実証実験を計画した。

2020年度に入り、コロナ禍による緊急事態宣言などで広域移動を自粛する傾向が強まったため、地方への送客を目指す実証実験は難しいと判断し、東京都区内で実証実験できるように軌道修正を行った。

2020年11月に、山手線を対象とした東京感動線のイベント「HAND!in Yamanote Line」のメインコンテンツとして「TOKYO STATION AR ART PROJECT」と呼ぶ実証実験を実施した。東京駅丸の内駅前広場でスマートフォンを空中にかざすと東北の縁起物である赤べこや仙台七夕、新潟の三角だるまをモチーフにした3DオブジェクトをARで表示するものである。

ARを表示するための位置測位技術として、VPS（Visual Positioning Service）技術を採用している。これは、衛星写真もしくは事前に現地を360度カメラなどで撮影し、その撮影データから点群データによる3Dマップを作成し、それとスマホのカメラ映像とをリアルタイムで突合し、位置情報・向きを推定する技術である。この技術を用いると、QRコードやマーカーなどが不要でスマホをかざすだけで空間内の正しい位置にARを表示できる。これらはKDDIとARアプリなどデジタルコミュニケーション領域におけるソリューションを手掛けるSoVeCが共同で開発した「XR CHANNEL」アプリを用いて実装した。

また、原宿駅の新駅舎と旧駅舎をVRで構築し、VR上にアート作品の展示や実際の駅舎にある店舗の商品紹介など、仮想空間で原宿駅を楽しむイベント「Harajuku Station VR」も併せて実施した。

2020年度にはもう1つARを使った実証実験を実施した。2021年1月に、原宿駅・明治神宮で、スマートフォンやARグラスを使って、観光スポットや見どころのガイドやショップ・商品の案内、クーポンなどをARで表示する観光案内AR実証実験である。

当初は一般のお客さまを対象に実施する予定だったが、コロナ禍による緊急事態宣言が発令されたため

ＷＧ会員企業内のメンバーの参加に限定して実証実験を行った。

２０２２年1月に改めて２０２０年と同様に、山手線を起点に個性的で心豊かな都市生活空間を創造する東京感動線のイベント「HAND!in YAMANOTE LINE」と連携し、「HARAJUKU MEIJIJINGU AR PROJECT」と題して一般の利用客を対象とした実証実験を実施した。スマートグラスについては体に直接装着する必要があり、コロナ禍という状況であるため使いまわしなどによる感染リスクが見込まれること、そしてスマートグラス自体がそこまで普及していないことからスマートフォンによるＡＲ体験に絞って実施した。

これらの実証実験を実施した結果、お客さまからの評価も高く好評であったため、実証試験のフェーズから一歩進んだ社会実装を目指すこととなった。２０２２年4月から6月の善光寺御開帳期間に合わせ、長野県・北信濃エリアで観光型MaaS「旅する北信濃～牛（スマホ）にひかれて善光寺御開帳～」と連携して、「旅する北信濃ＡＲ体験」に取り組んだ。


長野駅前では駅に向けてスマホをかざすと、牛が空中で暴れまわるＡＲ映像が楽しむことができるエンターテインメント系ＡＲコンテンツと、長野駅から善光寺エリアの見どころや店舗などの観光案内情報をＡＲで表示する情報系ＡＲコンテンツを提供した。当初は長野県善光寺エリアで実証実験を行うことを計画していた活動であったが、最終的に実証実験ではなく、正式なサービスとしてリリースすることにより社会実装することができた。

この観光案内情報をＡＲで表示する仕組みについては、水平展開を見据えて容易に他の箇所へ展開可能なＡＲプラットフォームとしてシステム製作を行った。これまではＡＲコンテンツを配置するためには、エクセルなどで表示位置やコンテンツ内容をまとめ、それを基に協力会社が製作していた。

一方、ARプラットフォームでは、ARコンテンツをWeb上で簡単に登録できるシステムにし、JR東日本の社員自らが自由に編集することで簡単にAR体験イベントを実施できるようにした。2022年9月には、このプラットフォームを採用して、甲府エリアの駅からハイキング「近代の甲府に思いを馳せるボロ電の路線跡、建築物を巡るコース」というAR体験イベントを実施した。このコースに応じてARコンテンツを配置する作業は、同イベントを主催したJR東日本八王子支社甲府営業統括センターの担当者が、自らプラットフォームを使用して設定した。

さらにエンターテインメント系ARの展開として、2022年10月の鉄道開業150年に合わせ実施した文化創造イベント「超駅博 上野」にて「AR車両フォトスポット」イベントを上野駅構内で開催した。AR技術を活用し、上野と上越、北陸を長年つないだEF64形電気機関車、新潟エリアで通勤車両として活躍した115系電車をAR車両として再現し、上野駅の15、16番線上に登場させた。ARならではの仕組みとして、前照灯の点灯、サボ（行き先表示器）の変化、AR車両を上昇させ車両下の様子が見られるような楽しめる仕組みを採用した。

エコシステム型オープンイノベーションならではのメリット

本サブWGは、新規テーマ創発活動として郊外型観光MaaSというテーマを掲げ、WGグループ会員によってデザイン思考を用いたワークショップを開催した。技術系の企業やコンサルティング会社、研究機関などの複数の様々な企業・団体が集まってワークショップ形式で新しいテーマ創出に取り組み、そのソ

2020年度～2021年度　東京駅・原宿駅・明治神宮駅での実証実験

2022年度　旅する北信濃AR体験

2022年度　南甲府駅～甲府駅　駅からハイキングAR体験

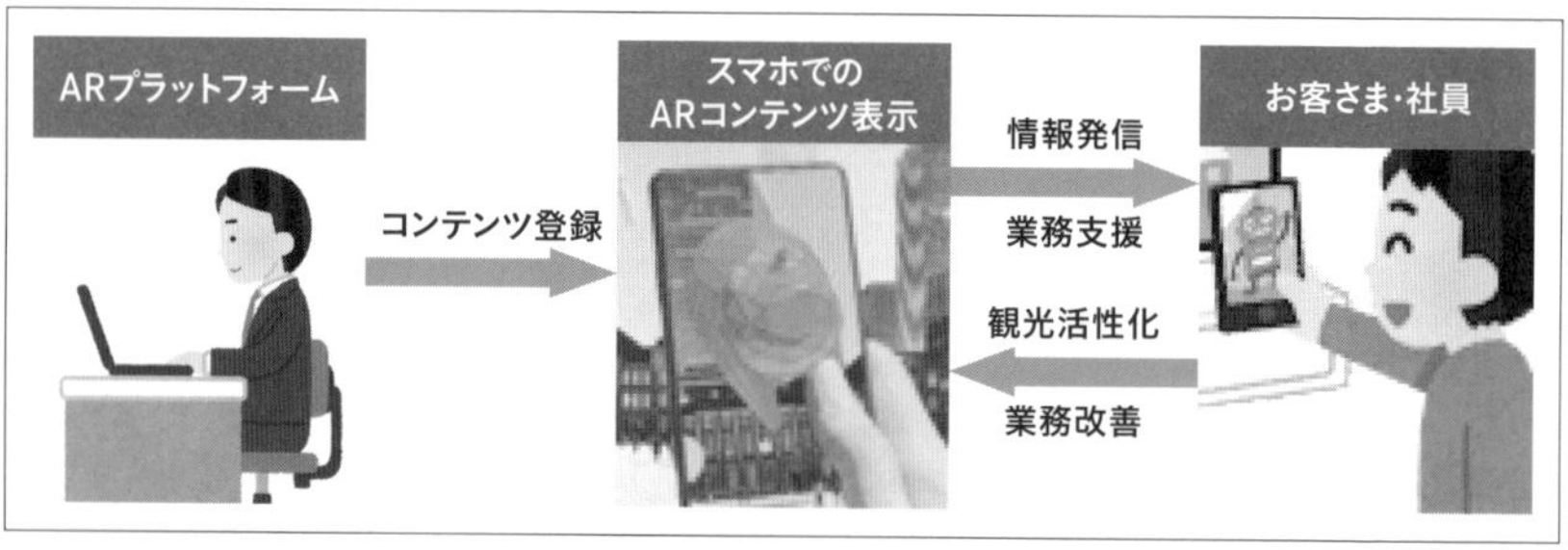

ARプラットフォーム活用イメージ（出典：JR東日本）

超駅博 上野「AR車両フォトスポット」 AR体験イメージ（出典：JR東日本）

リューションのブラッシュアップを繰り返して生まれたのが「ARグラスによる観光体験」というテーマであった。

これは単独の企業だけでは出てこないようなユーザー視点でのアイデアやソリューションを結集してできたプロジェクトであったため、実証実験においてユーザーや社内での評判も高く、社会実装に加えて、複数カ所での水平展開が進んだと考えている。

今後の展開

今後はこのARプラットフォームを活用し、様々な場所でAR体験イベントを実施し、観光体験価値の向上を目指し、観光の活性化に貢献していきたい。JR東日本社内での活用にとどまらず、JR東日本グループ会社や他社、自治体などでも活用できるような仕組みを整えることで、ARプラットフォームのビジネス化も目指していきたい。

AR車両についても今回製作した2車両のAR

モデルを他の場所で活用したり、今回得られたＡＲ車両の作成のノウハウを生かしていく。今後他の様々な車両についてもＡＲ車両としてスマホ上に再現することで、ＡＲイベントや、さらにはメタバース上での活用も検討していきたい。

3 持続可能な社会システムの構築（地域主体の地方創生）

①BRTの自動運転による持続可能な公共交通の構築

活動背景

バスの運転者不足が社会課題になっている。特に地方の公共交通を支えるバスの運転者が不足しており、高齢化も進んでいる。そのためバスによるモビリティ・サービスの持続的な提供が難しくなっている。その解決策の1つとして期待されているのが、自動運転であり、バスの自動運転を考えるうえで最も実現性が高いシステムの1つが、「BRT（Bus Rapid Transit：バス高速輸送システム）」である。JR東日本のBRTは他の交通から分離したバス専用道と一般道を併用しており、特に専用道ではバス以外の車両や歩行者の立ち入りを禁止することでバスの速達性を高めることができる輸送システムになっている。MIC

では、この専用道を活用し、自動運転による持続可能なバスサービスを安全かつ安定して提供するための検証を行った。

ＪＲ東日本は、２０１１年３月に起きた東日本大震災によって、鉄道システムが甚大な被害を受けた。中でも気仙沼線の柳津駅と気仙沼駅の区間、大船渡線の気仙沼駅と盛駅の区間については、復旧までに多大な時間がかかると想定されたため、ＪＲ東日本がＢＲＴによる復旧を提案し、沿線自治体の同意を受け、気仙沼線ＢＲＴは２０１２年から運行開始、大船渡線ＢＲＴは２０１３年から運行を開始した。ＢＲＴの運行後、お客さまからは、運転本数を含む利便性などで好評をいただいている。

このＢＲＴの自動運転化は可能なのか。運転者不足の課題を解決する可能性を検証するため、ＢＲＴの自動運転に必要な技術やサービスの検討と検証実験を進めた。

活動概要と経過

同取り組みはＭＩＣ立ち上がり初期の２０１８年度から始まり、「Door to Door推進ＷＧ」の一環として、ＪＲ東日本管内の大船渡線ＢＲＴにおいてＢＲＴ専用道と小型バス（日野リエッセ［先進モビリティ提供］）を用いた車線維持制御実験、速度制御実験、正着制御実験、交互通行実験などを行った。走行距離は約０・４km（片道）。最高速度は時速40kmで走行し、決められた位置で自動停止するなど、基本的な自動運転の技術実証を行った。

２０１９年度は実用化を視野に、より実運行場面に即した実証実験とした。場所はＪＲ東日本管内の気仙沼線ＢＲＴ。本格的な大型自動運転バス（日野ブルーリボンハイブリッド［ジェイテクト提供］）を使用し、時速60kmでの高速自動走行を実現。車線維持制御、トンネル内走行、障害物検知、交互通行、車内モ

2019年度の気仙沼線BRTでの実証実験の様子（車両提供：ジェイテクト）。柳津駅～陸前横山駅間（宮城県登米市）の4.8kmを使用した（出典：JR東日本）

ニタリングなどを実証した。

実証で用いた自動運転バスは、カメラやレーダーを使って自車位置を推定するのではなく、道路に設置した磁気マーカーを磁気センサーで読み取り、バスが自分の位置を認識する。磁気マーカーには一定の間隔で個体識別が可能なＲＦＩＤ（Radio Frequency Identification）付きを仕込み、推定した自車位置の信頼性を高める仕組みとした。バスの走行速度、交互通行における通行権情報、車載ジャイロセンサーなどから得られるデータを収集し、あらかじめ設定された走行パターンに沿って、アクセルやブレーキ、ハンドル操作など自動で運転を行う。

また、バス車内にカメラを設置して、走行中のお客さまの席の移動などをＡＩで検知し、遠隔で走行を監視しているオペレーターに車内の動きを自動通知する実証実験も行った。同時に、乗客の転倒などの事故を防止するため、走行中に車内を移動するお客さまを検知すると、音声にて注意喚起を行う機能の有用性も実証した。
また、あらかじめバス側にプログラムしたバスの走行ルートと実際の位置情報を照らし合わせて自動走行の確実性を高めた。

実証実験の期間中は、雨天や横風の強い日もあった。しかし、全区間を通して目標走行軌跡に対して高い追従性で走行できることが確認された。路面の凹凸や風の影響もある中、車線維持制御ができていたと評価できる。また、各駅での正着制御も人による操縦と同等レベル以上であった。

交互通行制御では、対向バスの走行位置を検知して自動運転バスへの通行権を適切に付与し、対向バスとのすれ違いがある場合と無い場合のどちらにおいても正しい運転制御ができた。

以上により、BRTの自動運転に求められる様々な要素技術の検証を行ったが、どの試験でも、おおむね良好な検証結果を得ることができた。この結果がその後のJR東日本独自の自動運転バスの製作につながっている。

エコシステム型オープンイノベーションならではのメリット

参加企業が増えてくると、進むべき方向性を共有できるかどうかがプロジェクト成功のカギを握るようになる。目指す方向性が一致すれば、必要な要素技術やシステムの内容が明らかになり、各社が得意な技術やデバイスを持ち合うことでプロジェクトが効率的に進行するようになる。

当サブWGへの参加企業は10社に及び、10社連名で1枚の契約書を作った。つまり、一般的な契約書に

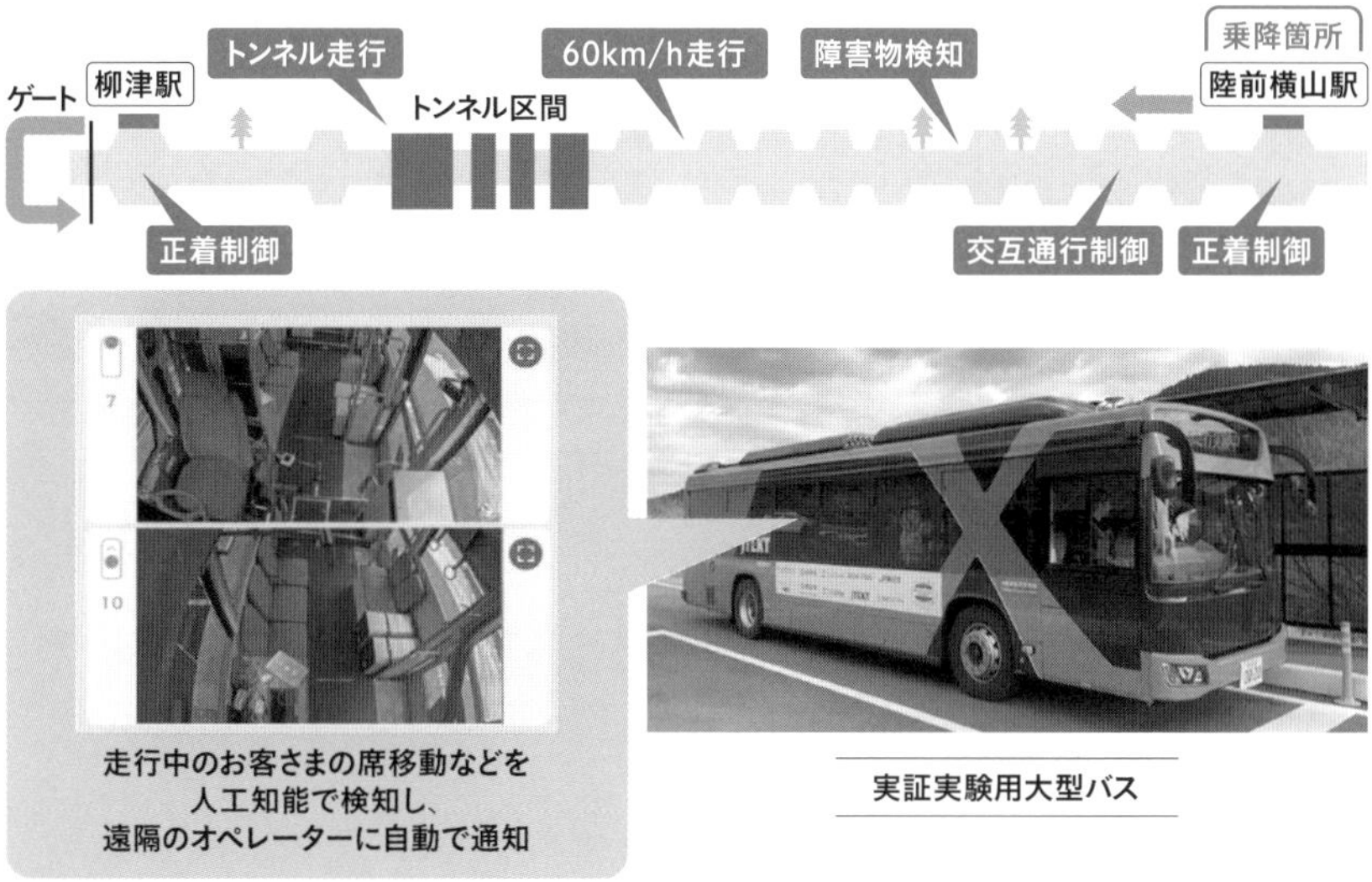

2019年度の実証実験の概要。車両、センサー、通信、データ解析、自動制御など、参加企業がそれぞれ得意な技術やデバイスを提供し、システムを効率的に構築した（出典：モビリティ変革コンソーシアムFuture Mobility WG）

あるような「甲と乙」の相対関係ではなく「10社全員が甲」という対等な関係で契約を結んだ。これにより、JR東日本がハブとなる1対1の関係ではなく、全員参加によるN対Nによる取り組みが可能になった。

また、同様な技術やデバイスが2社以上から提案された場合、可能な限りそれぞれの提案を採用し、複数の観点から比較評価できるようにした。実用化を見据えた実験ではあったが、実験に用いた技術をすべて採用することは難しいことから、その旨を参加する全社と確認したうえで実証実験を開始した。そのため、JR東日本としては参加する各社の主体性を尊重することが重要と考え、各社それぞれが検証したい技術実証を行える環境づくりに努めた。

JR東日本として自動運転の技術を全く持たない状態で、どのような形で実用化できるのかが見

2019年度の実証実験を経てJR東日本が製作した自動運転バス（2022年3月現在）（出典：JR東日本）

えない中での出発であったが、最終的に参加企業が協力し、自動運転という1つの複雑なシステムを実現できた。今後、今回の結果が、次世代の公共交通の在り方を検討・推進する具体的なきっかけとなり、その先にある次世代のまちづくりのヒントになるものと考えている。

今後の展開

本サブWGで一定の成果が得られたため、2021年度からは実用化のフェーズに移行し、本コンソーシアムを卒業した。実用化フェーズでは、さらに具体的な事業化を見据えた実証を継続していく。公共交通が抱えている複数の課題を解決すべく、ドライバーレス社会の実現に向けた汎用的な技術開発と検討を進めていく。

②地域に即した駅を中心とした次世代街モデルの構築

活動背景

日本で少子高齢化が進行していることは既知の事実であるが、特に地方における少子高齢化、および人口減少は著しく、地域が持つ魅力や伝統が失われつつある。当コンソーシアムを主催するJR東日本も、そうした地方を事業領域に持つ企業の1つであり、地方創生が進まなければ、事業基盤への影響も大きいという課題を抱えている。

そのような背景から、JR東日本では、2018年にグループ経営ビジョン「変革2027」を策定し、地方での豊かなくらしの実現を目指すべく、様々な活動を推進しており、MICでもその一環として「地域に即した駅を中心とした次世代街モデル」のサブWGの活動を開始した。

活動概要と経過

「地域に即した駅を中心とした次世代街モデル」は秋田県湯沢市を舞台に、2018年から活動を始めた。湯沢市を対象地域として選定したきっかけは、サブWG幹事企業であるNECのグループ企業の1社が、2018年湯沢市と持続可能なまちづくりに関する包括連携協定を締結していたためである。

サブWGの活動開始にあたり、まずはどのようなライフスタイルの実現を目指すか検討をする必要があったが、都市側が思い描くライフスタイルを一方的に提案する形では、地域への定着は難しく、持続性という観点からも望ましくないという考えに至った。このため、「地域に即した駅を中心とした次世代街モデル」では地域の力や資源を引き出す地方創生をテーマとし、地域が目指すライフスタイルの実現を新技術によりサポートすることを目標とした。

上記目標の達成にあたっては、まず地域が目指すライフスタイルを明らかにする必要があった。そこでサブWGのメンバーである東京都市大学古川柳蔵教授の協力のもと、地域のキーパーソンを中心とした「湯沢市広域懇談会」を編成し、「90歳ヒアリング」という手法を用いて地域の高齢者への聞き取り調査を実施した。

戦前の厳しい環境制約下での暮らし方について、90歳前後の方々にヒアリングをすることで、将来の環境制約を踏まえた持続可能で心豊かなライフスタイルをデザインするためのヒントを見いだそうとした。また、若者世代の意見も取り入れるべく、地域の高校生を主体とした「多世代WG」を組織し、高校生からの意見も受け入れることとした。このように、従来のコミュニティーを超えて地域住民同士が議論をすることができる枠組みを構築することで、地域が目指すライフスタイルの策定に向けた検討を進めていった。

そうした検討を進めた結果、ライフスタイルの発信の場として、２０２０年1月に「ゆざわ未来の暮らしシンポジウム２０２０」を開催した。このシンポジウムは地域生活者間での交流や議論を目的とするだけでなく、都市生活者もイベントに参加し、地域生活者との交流を目指したものである。具体的には、地域の方とのトークセッションや「90歳ヒアリング」の結果を基にした創作落語、ならびに湯沢地域の食や観光に関するワークショップを実施し、地域生活者が湯沢の魅力や抱える課題について、見つめ直す機会とすると共に、都市生活者が湯沢へ関心を持つきっかけとすることを狙った。

続いて２０２０年度には、２０１９年度のシンポジウムの結果を踏まえ、湯沢の魅力を都市生活者へ発信するための交流イベントを実証実験として実施した。本来であれば、湯沢市の市民と都市に暮らす方が

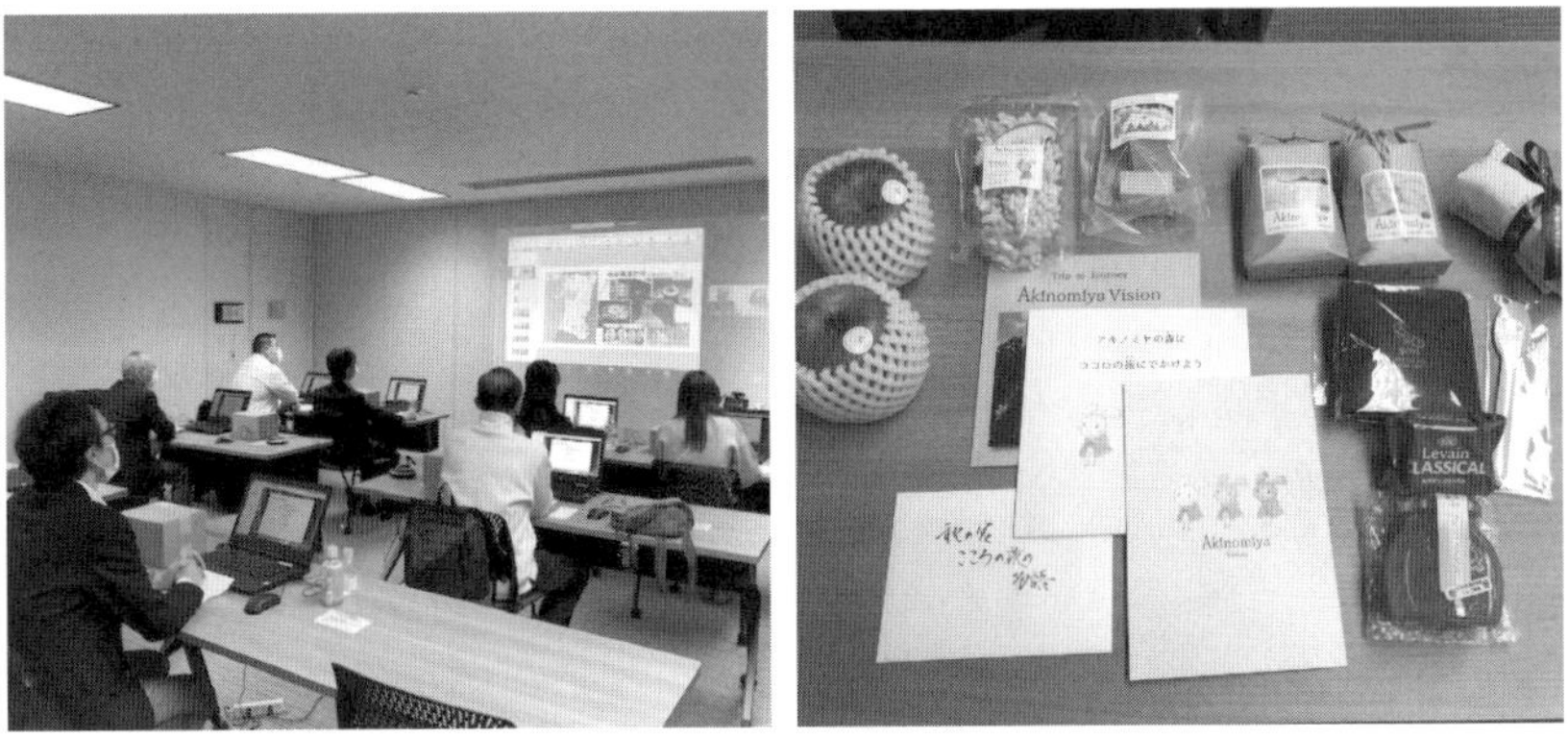

湯沢地域との交流会の様子（左）、湯沢地域の特産品（右）（出典：モビリティ変革コンソーシアム Future Lifestyle WG）

対面で交流できることが望ましかったが、時間や距離の問題、ならびに新型コロナウイルスの影響もあり、リモートでお互いをつなぎ交流を深めた。

イベントの内容としては、湯沢市の市民から、湯沢の自然や文化に関する映像を紹介するなど、プレゼンテーションを実施した後、実際に湯沢市の産品をその場で体験いただき、湯沢市に対する興味・関心を深めてもらうというものである。これらのコンテンツは、湯沢市の市民が自分たちの経験を基に、主体となって企画、準備したもので、地域発の豊かなくらしを発信する内容となっている。

またイベント終了後、参加した都市生活者にイベントでのプレゼンテーションを通して、もし自分が湯沢市に行ったらどのように過ごすか想像し、その内容を物語として記載してもらう仕掛けを設けた。これは、「ナラティブ・アプローチ」という心理的手法を活用したものだ。湯沢市の市民からの話を自分視点で置き換え、ナラティブ（ストーリー）を記入してもらうことで、地域への意識変

検証項目	検証結果
コンテンツによる参加者の意識変化への影響	●自然とのつながりに関する意識変化:映像、ナラティブ記入が大きく影響 ●地域とのつながりに関する意識変化:プレゼンテーション、ナラティブ記入が大きく影響
体験会後の参加者の行動変容	●地域産品を他の人に見せた ●湯沢地域に関してインターネットで調べた ●湯沢地域のことを他の人に話した
コンテンツによる行動変容への影響	●行動変容には、映像、地域産品、ナラティブ記入が影響している ●参加者のうち、特に首都圏在住者には、地域産品とナラティブ記入が影響している
参加者と湯沢地域との関係の変化	●体験会前は、湯沢地域に対して、「知らない」(50%)「田舎」(30%)「過疎地」(15%)との考えを持つ参加者が多かった ●体験会後は、「観光地」(40%)「温泉地」(40%)「ワーケーションの場」(20%)「地方創生・社会環境貢献事業の場」(20%)ととらえる参加者が多くなった ●「観光地」「温泉地」ととらえる人は地方出身者が多く、「ワーケーションの場」「地方創生・社会環境貢献事業の場」ととらえる人は首都圏出身者が多い傾向にあった

2020年度の実証実験の検証項目と結果。地域の魅力発信において、ナラティブ・アプローチの活用が有効になり得る（出典：モビリティ変革コンソーシアム Future Lifestyle WG）

化を促すことを目的としている。

その結果、参加した都市の方からは、湯沢市への親近感が芽生えたという声や、実際に湯沢市を訪ねたくなったという意識変化が見て取れた。このことから、地域の魅力発信において、ナラティブ・アプローチの活用が有効になり得ることが示された。

続いて2021年度では、2020年度の取り組み内容を基に、ナラティブ・アプローチ手法の汎用性を検証するため、対象地域を秋田県湯沢市から青森県田子町、山形県新庄市の2地域へ拡大してリモートによる交流イベントを実施した。また、2020年度のイベントでは、地域生活者から都市生活者への一方向での魅力発信となっていたため、2021年度については地域と都市の生活者の間で双方向の交流を実施する設計とした。

まず青森県田子町については、同町での農村生活の保存を目的とした「タプコプ創遊村」での体験共有をテーマとしたイベントを実施した。都市生活者側はモニターとして参加し、「タプコプ創遊村」で実際に様々な体験をした学生、および首都圏から田子町へ移住された町民の話を聞いたうえで、田子町を訪ねた際に体験したい過ごし方を想起し、田子側へフィードバックをする流れとした。

イベント後、2020年度同様に都市生活者へアンケートを実施したが、リモート環境下での交流にもかかわらず、田子町へ強く関心を持ったという声を多く受けた。

また、山形県新庄市については、都市部の大学生と新庄市の高校生を対象として、お互いの地域の魅力の紹介・再認識をテーマとしたイベントを実施した。はじめにそれぞれが自分たちの住む地域について紹介し合い、その後、相手地域の話の内容を基に、自地域の特性を踏まえた地域産品交換を行った。会話による交流に加え、実際に産品交換を実施することで、両参加者とも自地域、および相手地域への関心度の高まりが強くなり、地域の魅力発信において有効な手法となることがわかった。

エコシステム型オープンイノベーションならではのメリット

本取り組みの特徴は、地方での豊かなくらしを実現するために、地域住民自身によるライフスタイルデザインからスタートした点にある。大学の研究者が1年以上かけて、地域との関係性構築、住民の組織化、住民自身による地域の魅力発見と将来のライフスタイルデザインを行った。一般に、地方におけるスマートシティ構築では、地方自治体主導でビジョンを策定するケースが多い。その際に「住民の意見を聞く」だけではなく、外部の有識者の協力も得て、「どのようなまちにしていきたいか」という住民自身の意識を引き出して具体化することの重要性につながるような検討を行うことができた。JR東日本が特定の企業と単独で短期集中的に行うのではなく、大学や地域を巻き込みつつ長い時間をかけながら意識醸成を図ることができた点は、ユーザー視点を意識したエコシステム型オープンイノベーション活動ならではのメリットといえる。

今後の展開

これまでのサブWGの活動を通して、地域の魅力発信において、ナラティブ・アプローチが地域の魅力を発信するうえで有効であることが確認できた。今後は、この手法を活用した取り組みを地域生活者主体で継続できるようにサポートする必要がある。そのためには地域生活者と都市生活者をつなぎ合わせ、交流を実現する仕組みの検討が課題となるが、その仕組みの一端をＪＲ東日本の駅が担える可能性があるのではないかと考える。駅には日々多くの人が集うため、地域生活者と都市生活者をつなぐプラットフォームとしても活用ができないか、引き続き検討していきたい。

③トレイン＆サイクルを活用した地方の観光活性化

活動背景

鉄道で観光地へ到着した後、離れて点在する複数の観光スポットを低コストで自由に移動したいというニーズは多い。かつてはバスやタクシーを利用することが主流であったが、近年では自転車が観光地で人気の移動手段となりつつある。こうしたニーズを受け、ＪＲ東日本は自転車と一緒に乗車できる「Ｂ．Ｂ．ＢＡＳＥ

（BOSO BICYCLE BASE」という観光列車を2018年1月から運行している。

このサブWGはこれをさらに進め、「トレイン＆サイクル」による新たな観光スタイルの提案を目指した。地域の特性や魅力を引き出し、観光地としての地域価値を高めることが目的となる。

実証実験の場として、千葉県館山市を選定した。館山市は魅力的な観光資源を持つが、現地での2次交通が十分に発達していない。タクシーだとコストがかかり、車で行けば便利だが、移動のストレスが高いうえ、帰りの渋滞を避けるために早めに現地を離れる必要があるという課題があった。また、観光地としては「観光客を呼び込むコンテンツが不足している」「地域内外の観光リソースや事業者との連携が困難」「リピート来訪者が少ない」といった課題を抱えていた。

「トレイン＆サイクル」から始まる新たなライフスタイルを提案し、観光需要の喚起と地域住民の満足度の双方を高める仕組みをスタートさせた。

活動概要と経過

2018年度は、まずターゲットの設定と仮説の検討を行った。観光への興味が高い層の中で、自分専用のロードバイクを所有している「サイクリング志向の高い層」とまだ所有していない「サイクリングで新たな観光発見層」をターゲットに設定した。両ターゲット層に対し、GPS（全地球測位システム）を自転車に装着したうえで自由にサイクリングしてもらい、モニター別の走行ルート、距離、平均速度を把握した。また、ワークショップやアンケートを通し、それぞれの層が求める交通手段および自転車の輸送方法、現地で必要な情報・サービスやイベントなどを把握した。

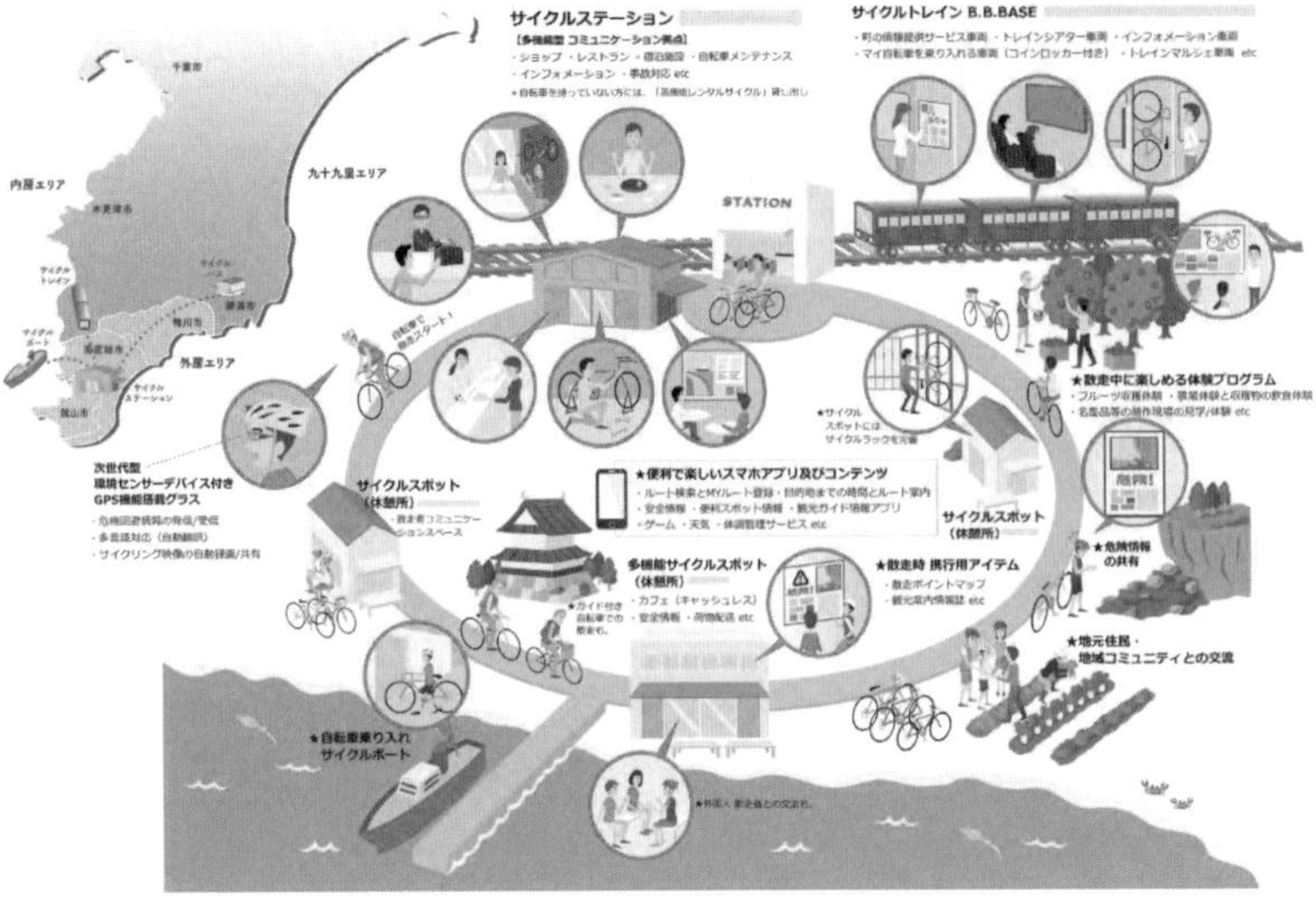

2018年度の実証実験から構想した実装機能のイメージ。絵にすることで、イメージを具体化できた（出典：モビリティ変革コンソーシアム Future Lifestyle WG）

その結果、コンセプトとしては、「ひたすら走ることを目的とするコアなサイクリストたち」というよりは、「サイクリングで走ることも観光・食事も楽しむ、初心者も含めたサイクリスト」に対し、「お得」で「便利」で「楽しく」「安心・安全」なサイクル・ツーリズム・コンテンツを提供することとし、実装機能イメージを作成した。

２０１９年度は、よりユーザー体験を重視した仕組みを構築し、一般モニターを広く募集して実証実験を行った。ターゲット層を広げるため、より回遊性を高めるような機能を追加してアプリのプロトタイプを開発した。

例えば、財布を持ち歩かなくても済む「キャッシュレス決済『地域Pay』」だ。自転車に乗って周遊する際の荷物や貴重品を減らす効果がある。また、店舗で購入した商品を持ち歩かなくて済むよう、駅まで配送して帰宅時に手渡ししてくれる「土産物配送サービス」、ツーリング中の姿をカメラマンが撮影する「写真撮影・販売サービス」、疲れたときに自転車ごと駅まで車で配送してくれる「ワープ（送迎）サービス」などがある。

さらに、現地で回避しながら様々な「食」を楽しんでもらうために、飲食店の協力を得て一口サイズの軽食を用意。満腹にならずに現地の様々なグルメを楽しめる「ちょい食べ」というサービスなどを開発した。スマートフォン向けアプリからこれらのサービスを容易に利用できる仕組みもつくり、実証実験を行った。

実証実験の結果、サービスはどれもユーザーの高い評価を獲得。サイクリングによるまちづくりの可能性が非常に高いことが確認された。自治体が進める施策や課題解決の方向性ともよく合致している結果となった。

また、「ひたすら走ることを目的とするコアなサイクリストたち」が、実はアーリーアダプターとしての機能を持つことも分かった。これらの層は、その下にいる一般のサイクリング愛好者や初心者にポジティブな影響を与える。

実証実験はサービスの実効性を確認することを目的とし、現地の商店・飲食店や周辺住民の多大な協力を得て進められた。しかしこれを社会実装するには、コストと労力を最適化し、継続可能なサービスにつくり上げていく必要がある。それができれば、地域活性化の有力な施策になるはずである。

エコシステム型オープンイノベーションならではのメリット

サブWGへの参加企業は、3社（JR東日本、凸版印刷、OKI）と比較的少なく、プロジェクトをフットワーク軽く進行させることができた。アプリの開発やキャッシュレス決済（QRコードを使用）の仕組みなどは、幹事を務めた凸版印刷が提供した。同社は長くコア事業としてきた印刷サービス以外の分野に事業ポートフォリオを拡大しようとしている最中であり、ITを活用した地域活性化もその有力な候補となっている。館山市とはもちろん、それ以外にも多くの自治体と一緒に地域活性化に取り組んでおり、そこで得たノウハウを存分に生かしたサブWGとなった。

JR東日本は「B.B.BASE」を館山駅まで運行していたことから、館山市とは縁が深い。そのため、同地を実証実験の舞台にすることに当初から違和感はなかった。「B.B.BASE」を運行するだけでは人と自転車を観光地まで運ぶことしかできない。そこから先の観光コンテンツを手掛けられるようになると、鉄道事業と現地の観光事業や地域事業の相乗効果が生まれ、地域プラットフォームの提供が可能になる。これはJR東日本単独では実現不可能な取り組みだったといえる。

エコシステム型オープンイノベーションの取り組みは、目標をあまり明確に決めず、緩やかな仕様書と契約書でスタートするケースが多い。既成概念や制約をなるべく取り払い、自由な発想でより大きな成果を生み出すためである。このサブWGでは「まずはやってみよう」という形で、トライ&エラーを繰り返すアジャイルな取り組みを進めることができた。取り組む過程で生まれてくる新たなアイデアをどんどん試しながら、当初の想定より価値の高いサービスを目指すことができた。

今後の展開

南房総のみならず、サイクルツーリズムを取り入れようとする自治体が増えており、今後はそうした自治

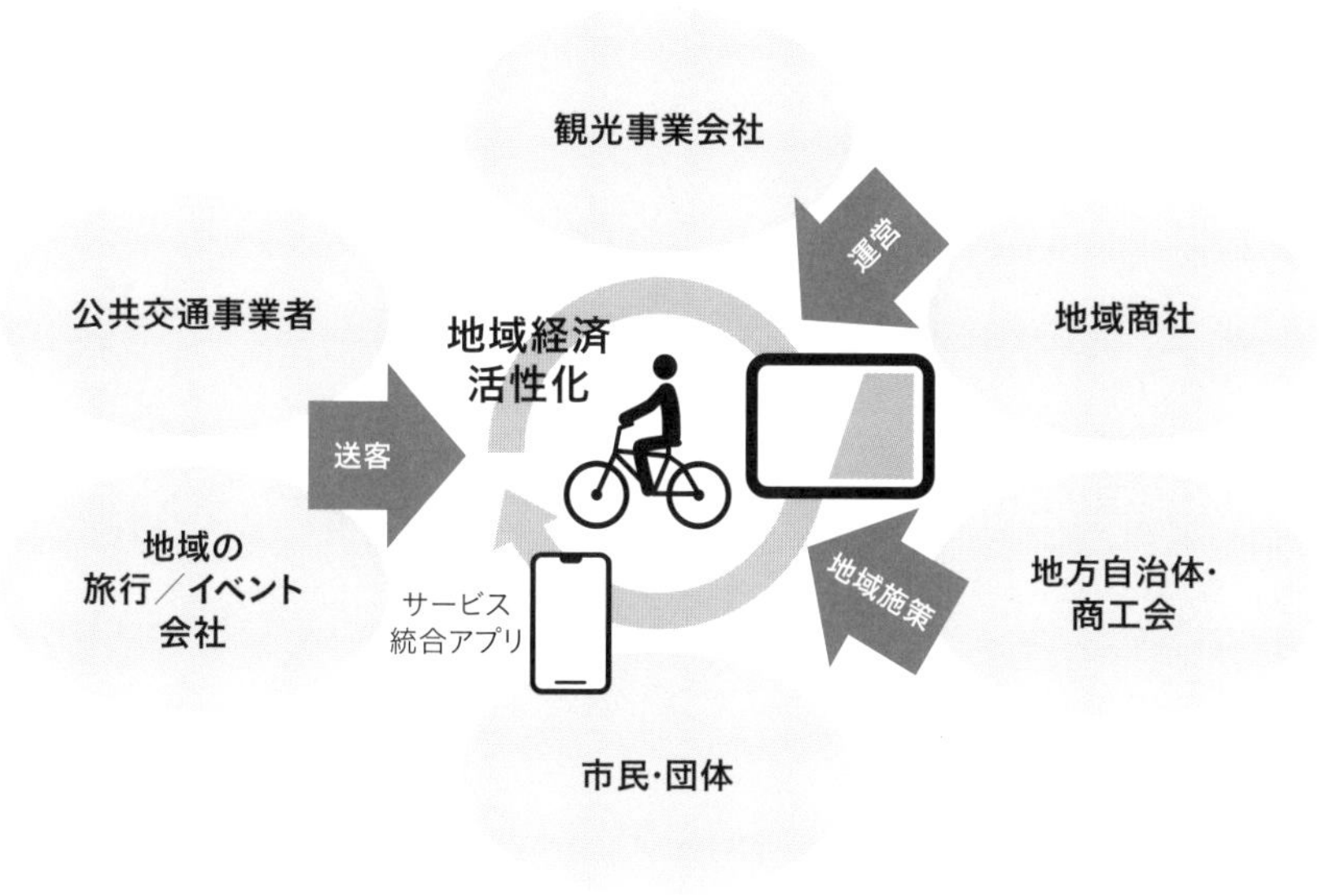

鉄道事業と観光事業や地域事業の協力により、地域プラットフォームの提供が可能になる（出典：モビリティ変革コンソーシアム Future Lifestyle WG）

体のサイクルツーリズムの推進体制づくりの支援、コンサルティングを行う。そして、各地域の事情、環境を踏まえたうえで、地域情報サイト、地域通貨キャッシュレス決済、土産物配送をコアとした仕組みを提供していくことを目指している。

5 生活者とテクノロジーの協調（人中心の技術革新）

①人とAIの役割分担による案内業務の効率化

活動背景

駅における多様化するユーザーニーズ、特に外国人の顧客の増加による多言語でのご案内ニーズに対し、AIの活用が進んでいる。JR東日本では、駅での案内業務におけるよりきめ細やかなサービス提供のための案内AIシステムの構築を目指し、2018年度から「案内AIみんなで育てようプロジェクト」として実証実験を開始した。複数の駅・場所において、様々なAI技術を持つベンダーなどと案内AIシステムの共同実証実験を行うことは、国内鉄道事業者としては初めての取り組みであった。

品川駅で行った東京都事業Tokyo Robot Collection「コミュニケーションAI」の様子（出典：JR東日本）

案内AIシステムの育成イメージ。お客さまから様々な質問をいただき、AIが適切な回答をして、質問内容を基にAIが継続的に学習することで回答の精度を向上させた（出典：JR東日本）

活動概要と経過

まず２０１８年に首都圏の６駅（東京駅、浜松町駅、品川駅、新宿駅、池袋駅、上野駅）およびＪＲ東日本の系列ホテルであるホテルメトロポリタンの計24カ所で19社の「ロボット型」「サイネージ型」「チャットボット」の案内ＡＩシステムを展開した。駅でお客さまからよく聞かれる質問に対しての回答をまとめたＦＡＱ（Frequently Asked Question）を事前に作成し、実証実験開始後は、それぞれの箇所で、お客さまからの質問に、ＦＡＱを基に案内ＡＩシステムが回答を行った。

案内ＡＩシステムが回答できなかった質問は都度、駅やホテルのスタッフが回答データをブラッシュアップし、回答精度を向上させた。

その結果、下記のような課題が浮かび上がってきた。

①多様な言語への対応が必要
②ロボットに話しかけることが恥ずかしい
③個別質問への対応が困難

そこで、その解決策として、次の３つの対策を実施した。

①４カ国語（日、英、中、韓）を必須とする
②受話器や囲いを付ける
③外部情報サービスへ接続する

これにより、２０１９年には８駅合計30カ所で、15社の案内ＡＩシステムを用いて実証実験を行った。な

お、本実証実験の一部は、東京都の事業であるTokyo Robot Collection「コミュニケーションＡＩ」に採択され、品川駅においては10種類のロボット、サイネージを同一環境で検証することができた。ここでは、外国語を含めたモニターアンケートを行い、同一環境だからこそ評価できるＡＩの反応速度やＵＩ（User Interface）の比較などを実施した。

これらの実証実験結果を踏まえて、最終的には、性能（回答率や精度、応答速度、音声認識精度）と、４カ国語（日・英・中・韓）対応、ユーザーインターフェースをはじめとしてユーザー要望への対応などに対する評価を行い、４社を２０２０年３月開業の高輪ゲートウェイ駅に試行導入することとなった。

その後、コロナ禍における社会環境の変化に対応するため、２０２０年12月から２０２１年１月の２カ月間、高輪ゲートウェイ駅をはじめ、品川駅、新宿駅、池袋駅、海浜幕張駅、空港第２ビル駅において、非接触型ディスプレーを用いた案内ＡＩシステムを試験的に設置した。従来は、ユーザーが画面にタッチして操作する接触型のディスプレーだったが、ユーザーに安心して利用してもらうため、非接触型ディスプレイを採用し、通常のディスプレーと変わらない操作性を実現した。

高輪ゲートウェイ駅では、案内カウンターでの案内にも非接触型ディスプレーを設置し、非対面でユーザーに案内を行う遠隔案内の実証実験も同時に実施した。ユーザーには、まず案内ＡＩシステムを使ってもらい、案内ＡＩシステムが回答できない内容については、画面上の「駅係員呼出」「精算」で駅係員を呼び出すことで、画面越しの案内を検証した。

期間中の利用のうち、約40％は駅係員を呼び出すことなく案内ＡＩシステムで対応できた。残り約15％が「精算」ボタン、約45％が「駅係員呼出」ボタンでの問い合わせであった。

この結果より、駅改札窓口の業務を遠隔から実現させるためには、案内だけでなく、精算も遠隔で行うシステムが必須であることを認識した。次のステップでは、案内ＡＩシステムの画面越しに案内をしながら、ＩＣカードの精算を遠隔で行う実証実験を行った。

そして、駅員のいる改札（案内カウンター）に置いてある案内ＡＩ端末横にＩＣカード読み取り装置を設置し、バックヤードの駅係員側に、遠隔で案内するためのパソコン、書画台の券面を読むパソコン、窓口精算機、レシート発行機を設置した。

３カ月の実証実験期間中、約３３００件のご利用があったが、そのうち約42％は駅係員を呼び出さずに案内ＡＩシステムによって対応できた。これ以外の約12％は非対面での「精算」の案内、約40％が「駅係員呼出」ボタンでの問い合わせとなり、半数以上が非対面での対応となり、非対面での対応件数を増やすことができた。

案内ＡＩシステムは、２０２１年３月より海浜幕

大人から子供まで駅を利用される方は自由に案内AIを使用可能。コロナ禍に伴うニーズ変化を踏まえ非接触ディスプレーを採用（左）、改札で遠隔案内を実施（右）（出典：JR東日本）

張駅、同4月より仙台駅、秋田駅、盛岡駅、新青森駅、同7月より高輪ゲートウェイ駅に実装された。さらに、駅での同システムの導入推進には、1つの鉄道事業者の取り組みだけでなく他鉄道事業者との連携が重要と考え、関西、関東の鉄道事業者7社で連携し、2021年7月から9月にかけて案内AIシステムを活用した「非対面」や「非接触」でのユーザー案内の実証実験を展開した。各社との意見交換などの実施、期間中に得られた実験結果の共有を通じ、今後の案内AIシステムの機能向上に活かすノウハウを収集するための重要な機会となった。

現在、山手線池袋駅、品川駅、渋谷駅、秋葉原駅の駅改札窓口に案内AIシステムを導入しており、遠隔操作でユーザーに対応できる仕組みの確立を目指している。駅改札窓口では案内に限らず、多くの業務に対応しているため、遠隔案内を実現させるためには、他の業務も併せてバックヤードから制御できるようにしなければならない。その実現のため、駅ごとに業務の洗い出しを行い、実際に業務を行っている駅社員とのコミュニケーションを通じて開発を進めている。また、ICカードの他、現金で精算を行うお客さまにも遠隔で対応するため、スーパーやコンビニエンスストアでも使われているセルフレジを導入するための実証実験も行っている。

エコシステム型オープンイノベーションならではのメリット

前述したように2018年に行った最初の実証実験では大手企業だけでなくスタートアップを含む19社の企業が参加し、駅というフィールドでどのようなソリューションが最もユーザーにとって使いやすいのか、検証を行うことができた。また基本的にはこの実証実験のためにゼロから開発を行うのではなく、条件に合う技術を持っている各社が参加することで、アジャイルに短期間で実証実験を実施することができた。

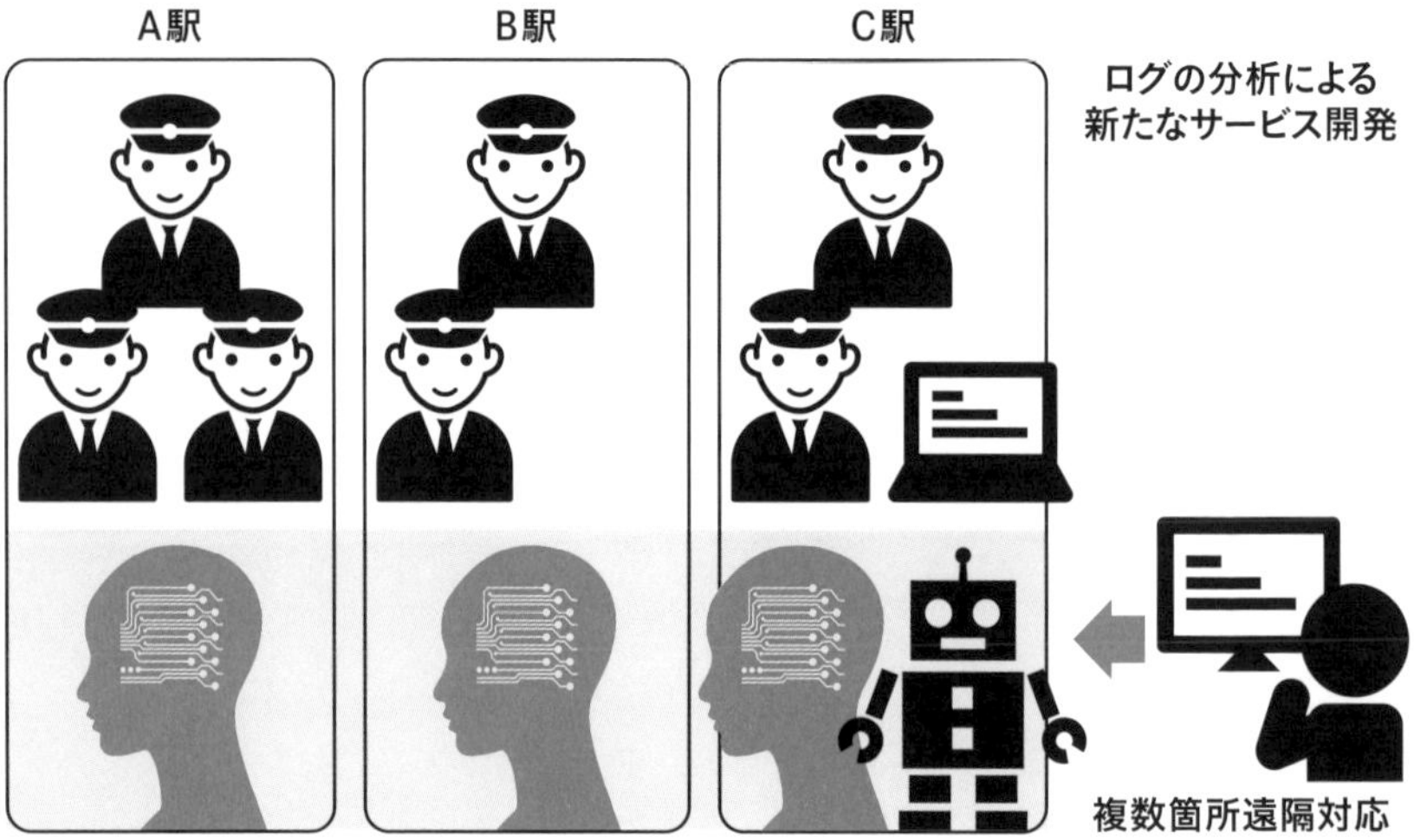

駅改札業務のDX推進のイメージ。AIやロボット、人との役割分担を明確化し、人は人でしかできない価値創造に注力（出典：JR東日本）

参加企業のメリットとしても、実際にお客さまが日々利用されている駅という環境下での実験に参加することにより、新たな課題の発見や解決に向けた議論を鉄道事業者と実施できる貴重な機会が得られたことが考えられる。また取り組み自体を各社がプレスリリース可能なこともあって社会へのアピールも可能になるなど、参加するメリットは大きい。

今後の展開

遠隔で案内するソリューションは、ＡＩを活用する以外に、アバターも広く使われている。導入コストと効果を見極めながら、駅や改札のタイプ別に適切な組み合わせを確立させ、両者の導入拡大を進める予定である。今後、遠隔で対応できる業務を増やすことで、仕事の仕組みを変革し、駅社員が駅や地域に新たな価値を生む仕事により注力できるようにするために、今後も駅のＤＸ推進を加速していく。

②空飛ぶクルマの社会受容性の構築

活動背景

「空飛ぶクルマ」とは、現行の航空機よりもはるかに容易かつ身近に使うことが想定されているエア・モビリティ・サービスのことである。「人が乗れるドローン」のようなイメージで、駅や病院、自宅周辺などからの手軽な利用を想定している。時速200km以下の低速度で200km以内の短距離を移動。機体は数千万円程度と想定され、電動化による部品点数の削減などによる生産コストの低減が期待されることから、今後より低価格での普及が見込まれており、将来的にはパイロット無しの自動航行が期待されている。

MS&ADインターリスク総研が実施した「空飛ぶクルマの社会的受容性等に関する調査」(出典：MS&ADインターリスク総研　2020年10月)によれば、人々の空飛ぶクルマへの期待として最も多かったのは「移動時間の短縮」、次いで「渋滞のない移動」、「救命・救急医療の迅速化」となった。また、空飛ぶクルマの離着陸場として希望する場所を聞いたところ、第1位が「駅」となり、続いて「医療・福祉施設」、「自宅周辺」、「観光地」となった。

空飛ぶクルマの基点として駅が望まれていることから、駅の機能を拡大する方向性の1つとして、空飛ぶクルマを検証することの重要性が認識された。MICでは2018年から数回にわたって空飛ぶクルマに関する勉強会を開いてきたが、2020年、サブWGに昇格させて具体的な検証に入った。ヘリコプターを手掛ける航空機メーカーが幹事会社となり、JR東日本の他、ドローンメーカーやシンクタンク、コン

Q:あなたは「空飛ぶクルマ」に対してどのようなことを期待しますか。期待する順に3つお選びください。 ※上位5つのみ掲載

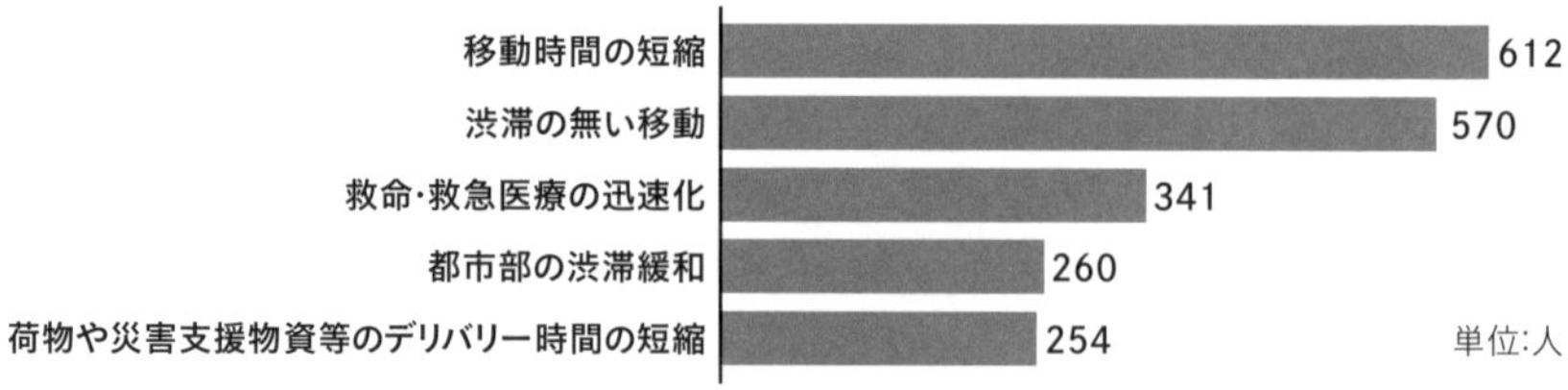

Q:「空飛ぶクルマ」の離発着場として希望する場所はどこですか。あてはまるものを3つまでお選びください。 ※上位5つのみ掲載

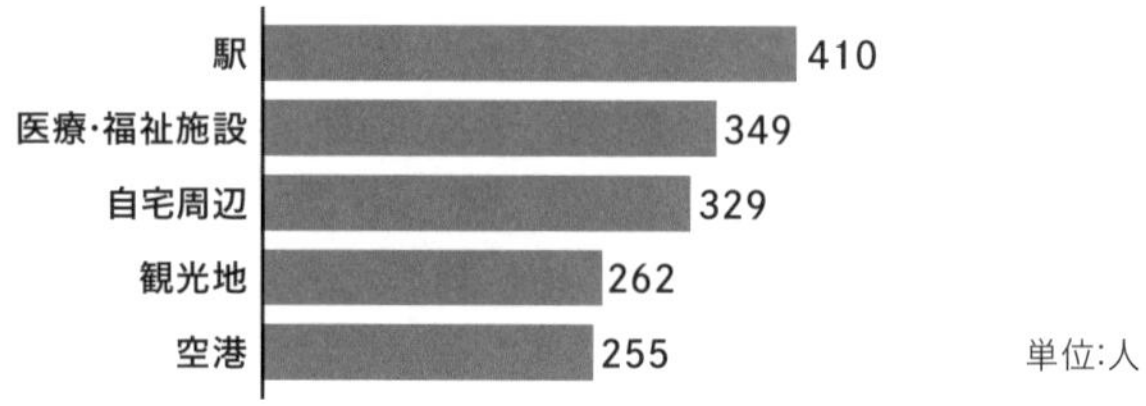

「空飛ぶクルマの社会的受容性等に関する調査」(2020年10月実施)(出典:MS&ADインターリスク総研)

サルティング会社、広告会社など8社が参画している。

当サブWGの位置づけは主に2つある。「事業の可能性を検証すること」と、「離島山間地域への交通手段として想定しつつ、他ニーズへの展開、現交通機関との連携も視野に可能性を模索すること」だ。前者では、将来的なコスト低減を視野に入れながら駅を基点とするサービスを検証する。加えて、駅ポートを中心とするインフラ開発などの必要性を見極める。後者では、離島山間地域への航空便の廃止や運休が増えている現状を踏まえ、新たな交通手段としての可能性を模索する。

活動概要と経過

2020年度はサービス全体のコンセプトを設計。空飛ぶクルマが飛び交う未来をチーム全体で共有するため、ワークショップなどを活用し、まず空飛ぶクルマの価値の言語化を行った。具体的には「理念」「存在意義」「実現したい未来」「提供

JR横浜タワーに設置したVR体験車両（左）（協力：Dream On）、VR体験画面（下）（出典：JR東日本）

価値」を抽出してまとめた。次に、サービスアイデアを検討するため、いつ、どこで、誰が、どのように空飛ぶクルマを使うのかについて考察を進めた。最後に、サービスアイデアを具体化するため、空飛ぶクルマのデザインやサービスの具体化を行い、チーム全体でのイメージ共有を図るとともに、生活者視点での意見抽出のため、展示会などでデザインモックアップの展示を行い、次年度の活動につなげた。２０２１年度はヘリコプターを飛ばして、エアモビリティの活用について、駅を基点として想定した場合の課題抽出を計画していた。しかし、多数の利用者が密集し、列車が頻繁に行き交う駅からヘリコプターを飛ばすことは、現状では様々な事情から難しいという判断に至った。

そこで、代替案として仮想現実（ＶＲ）を活用することにした。空飛ぶクルマをＶＲコンテンツでリアルに表現し、一般の方に体感していただく。そこで感じたことや懸念点などの意見をアンケート調査で収集する。

次に２０２２年度には、社会受容性の向上を目的とした2つの取り組みを行った。まず3月に「２０２２国際ロボット展」（東京ビッグサイト）にVR体感が可能なブースを出展。会場を行き交う人にVRで空飛ぶクルマを体験してもらい、アンケート調査を実施し、約５００人から回答を得た。

２０２２年7月25～31日には、横浜駅の駅ビル「JR横浜タワー」のアトリウムにVRの体験コーナーを設置。新たなVRとして、空を飛ぶ体験だけでなく、上空に空飛ぶクルマが行き交う世界を体験してもらうためのVRコンテンツを追加設計し、有志団体Dream Onの協力のもと、人が乗り込めるサイズの体験車両とともに準備を行った。ヘッドマウントディスプレーを装着して乗り込むと、体験の途中で車両が動き、振動や加速度を感じながら、よりリアルなVRを体験できる。また社会受容性向上に向けた課題を抽出するためのアンケートについては、体験前と体験後に回答してもらう設計とし、体験後の変化についても捉えるようにした。ここでは一般の利用者約４００人の意見を収集することができた。

また横浜の会場では、子供を対象とした2つのワークショップ、「ドローンプログラミング教室」（計3回）と「空の未来を考えるワークショップ」（計3回）を実施。夏休みの課題として取り組めるような内容にして好評を得た。

エコシステム型オープンイノベーションならではのメリット

MICは単に技術を実証するのではなく、「ユーザー視点」を重視したサービスの在り方を実証する場でもある。本サブWGではテクノロジー起点の検討のみならず、ユーザー視点での体験価値の定義や社会受容性向上に努めることができた。

エコシステム型のオープンイノベーションの効果として、サービサーや政策提言を支援するコンサルティング会社などが参画。異色な企業のコラボレーションにより、質の高いVRコンテンツや体験車両を準備することができた。空飛ぶクルマについては、海外の事例を参考に日本での活用方法や今後のサービス、ポート設計などについて検討している段階で、どのプレーヤーにも参入の可能性がある段階である。各社、その参入機会について議論できる場を探していたといっても過言ではなく、本サブWG内で、他企業と議論を重ねることにより、自社の対象領域を広げ、また人的ネットワーク構築という貴重な機会にも恵まれたといえる。ネットワークという点においては、VR体験車両についても、サブWGメンバーからの紹介で民間の活動団体の協力を得て、実証実験で使用することができたことも1つの事例である。社会受容性の向上に向けた取り組みを会員だけにとどまらず外部からも協力を得ることで、社会課題の解決というミッションにスピード感をもって取り組むことができた。

政府や大学との勉強会や、生活者を巻き込む実証実験を通じて、既存のビジネスモデルにとらわれることなく、実現可能性を考慮した未来の洞察と社会受容性を高めることができた。また、エアモビリティが将来実現されることは理解していながらも、誰がいつ、どのように使うかといった具体的な姿は見えていなかった。本サブWGでは、参加企業が協働して将来の姿を可視化し、空飛ぶクルマ実現の具体性を格段に向上させた。

今後の展開

新たな交通インフラの実現には、技術の開発だけでなく、社会の理解や法律の整備など、社会受容性が重要なファクターになる。その意味で、国土交通省や経済産業省などの動きと足並みをそろえて進めることが重要である。

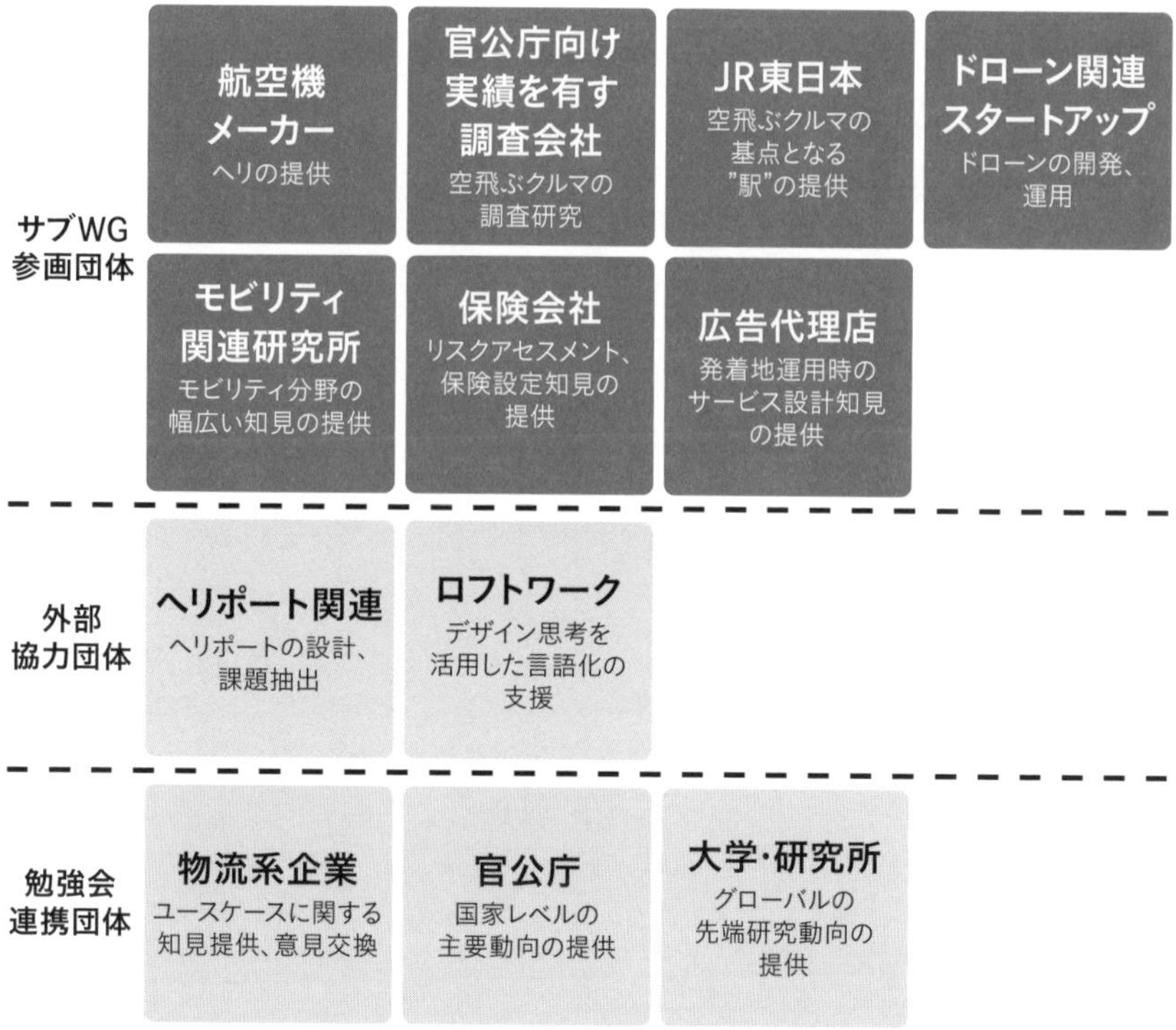

多様な参画企業および外部協力団体とともにエコシステム型オープンイノベーションを推進

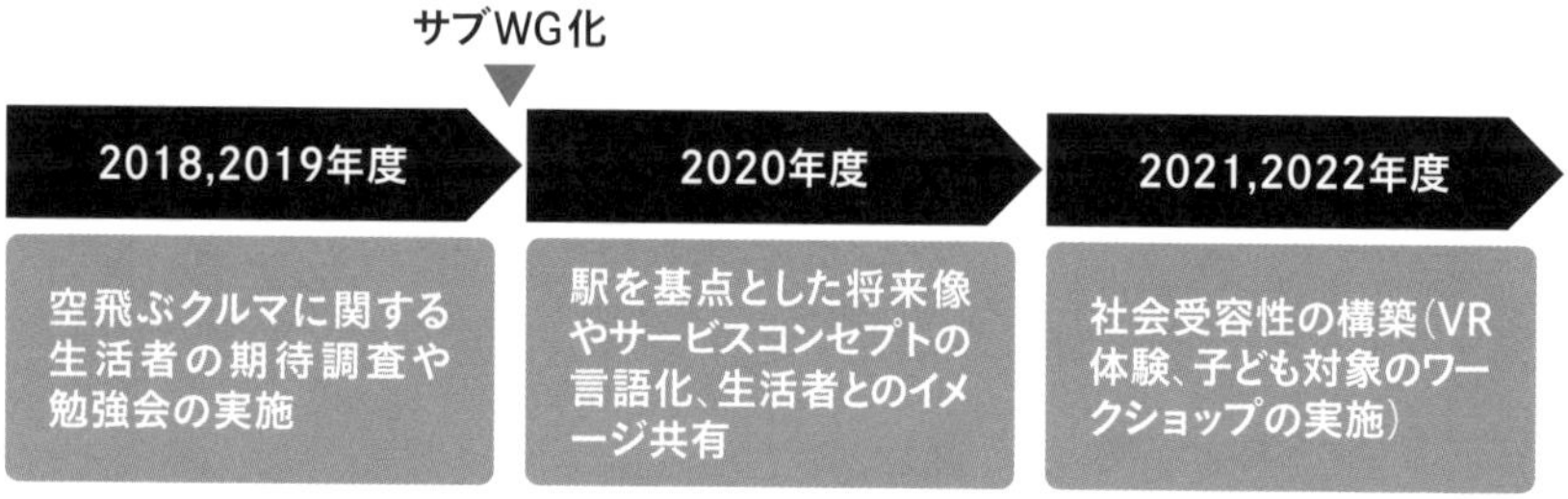

駅を基点とする「空飛ぶクルマ」の検証プラン。エコシステム型のオープンイノベーションにより、イメージの具現化や社会受容性の検討が可能になる（出典：JR東日本）

海外では日本と比較にならない数のスタートアップ企業が存在し、機体の製造やインフラ整備が始まっている。日本国内でも２０３０年ごろの実現を目指し、引き続き検討を進めている。多様なプレーヤーとの連携により活動を行ってきた本サブＷＧについても、今後は社会実装に向けた活動の加速が求められ、活動の範囲を駅だけでなく、まちづくりへ発展させるなど、ＭＩＣ外の組織とも連携しながら活動を継続していくことが一層求められる。

第5章

持続発展的な活動にむけた7つの成功の条件

時系列による活動変化を3つの視点で捉えて7つに分類

ここまでの各章では、モビリティ変革コンソーシアム（ＭＩＣ）の概要や設立までの背景とともに、オープンイノベーションにより取り組んだ具体的事例などを紹介してきた。約１３０社（２０２２年11月末時点）という規模の参加メンバーが参画し、各ワーキンググループ（ＷＧ）で様々な実証実験を実現してきたＭＩＣだが、紆余曲折を経ながらも現在進行形で持続的かつ発展的に続いているその活動は、それ自体も稀有（けう）な事例といえるだろう。

では、こうした大規模なコンソーシアムがその構想・企画期から立ち上げ期を経て、さらに年月を重ねて拡大期、新型コロナウイルス禍における転換期へと変化しながら、５年間の活動を質の向上とともに継続してきた成功のポイントはどこにあるのだろうか。

本章では、こうした時系列におけるポイントを、コンソーシアムの全体構想を描く「ビジョン」、コンソーシアム内外の組織や生活者がつながり創造できる場を設計、提供する「オーケストレーション」、さらにサブＷＧ活動など具体的な活動の企画から実行までの実務を機動的に推進する「オペレーション」の３

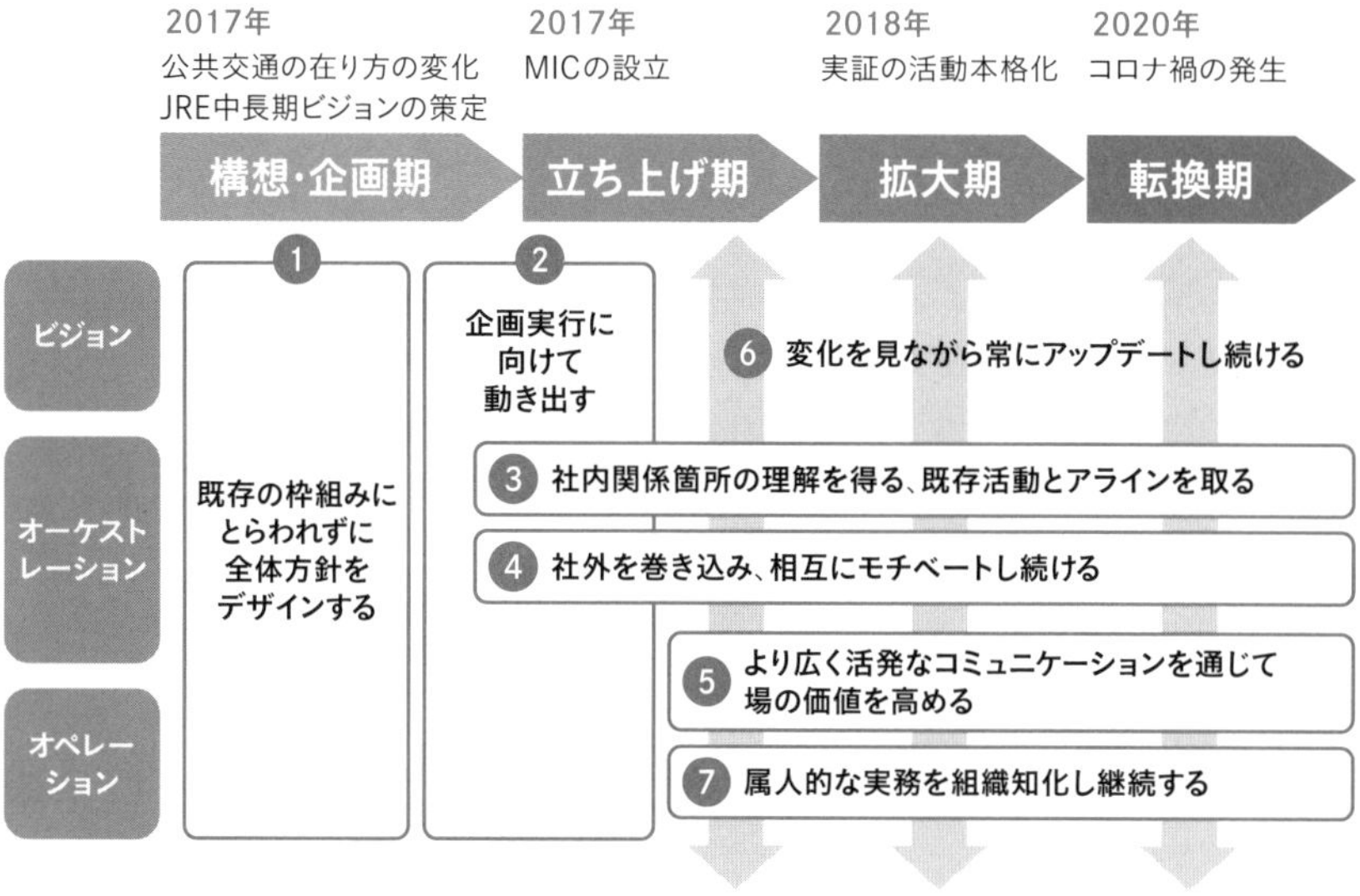

エコシステム型オープンイノベーションを持続的に成功に導く7つの条件（出典：JR東日本）

つの視点で捉え、MICが持続発展的な活動を実現できている〝7つの成功の条件〟として分類し、それぞれを解説していく。

具体的には以下の7つである。

①既存の枠組みにとらわれずに全体方針をデザインする

②企画実行に向けて動き出す

③社内関係箇所の理解を得る、既存活動とアラインを取る

④社外を巻き込み、相互にモチベートし続ける

⑤より広く活発なコミュニケーションを通じて場の価値を高める

⑥変化を見ながら常にアップデートし続ける

⑦属人的な実務を組織知化し継続する

構想・企画期、立ち上げ期においては、ビジョン、オーケストレーション、オペレーションというすべての領域において、幅広い視野を持ち、社

会課題を解決するエコシステムを設計し、社内外の参加メンバーの意思を統一して、動き出す必要がある。このため「①既存の枠組みにとらわれずに全体方針をデザインする」「②企画実行に向けて動き出す」が成功の条件となる。

MICの活動は、立ち上げ期の後、拡大期に向かい、コロナ禍を経て転換期へと続いたが、立ち上げ期以降、活動を推進していくオーケストレーションの領域では「③社内関係箇所の理解を得る、既存活動とアラインを取る」「④社外を巻き込み、相互にモチベートし続ける」により、参加メンバーのコミットメントを高めながら、内部外部環境変化に対応した活動を実現してきた。また、「⑤より広く活発なコミュニケーションを通じて場の価値を高める」ことで、MICの活動そのものの付加価値を訴求し、新たな連携先の呼び水としていくことで、持続的な発展につなげてきた。

立ち上げ期、拡大期、転換期全般にわたって、MICでは、変わりゆく社会環境の変化に対応していく必要があり、「⑥変化を見ながら常にアップデートし続ける」という点が、ビジョン、オーケストレーション、オペレーションすべての領域において求められた。

最後に、これらの活動は属人的な暗黙知のもとで行われることが多く、担当者の異動とともに活動が停滞、消失してしまうことがよくある。MICでは「⑦属人的な実務を組織知化し継続する」ことにより、活動成果をノウハウとして残しN対N型のオープンイノベーションを持続的に実行できる体制を構築してきたことも重要な成功の条件といえる。

2 その1「既存の枠組みにとらわれずに全体方針をデザインする」

1つ目の成功の条件として挙げるのは、「既存の枠組みにとらわれずに全体方針をデザインする」である。そもそも、MICが始まった背景の1つとしては、今後さらに人口減少が進んでいく中で、JR東日本としても「既存のビジネスだけでは本業がいずれ厳しくなる可能性」が予想されていたことが挙げられる。そのため、従来の既存パートナーとの研究開発（R&D）だけでなく「新しい知見やパートナーを生み出すような〝種まき〟を、今後意識していかなければならない」という意識が全社的にあった。それを受けて、第3章でも触れたように、2016年11月に発表したR&Dに関する「技術革新中長期ビジョン」の施策の1つとして、モビリティ変革に寄与するようなコンソーシアムの設立を大きな方向性として掲げたのである。

しかし、ベースが中長期ビジョンであることから、当時の段階ではAI（人工知能）やIoTといった当時のバズワードには触れつつも、具体的に「何をするか」までは詳しく決められていなかった。さらに、示されていたビジョンそのものも、鉄道事業に立脚しているようなものが多かった。そのため、キーワードとして「コンソーシアム」は示されていたものの、そのコンソーシアムが「どのようなビジョンで動くのかまでは、まったく具体化されていない」という課題があったのである。

ただ、そんな状況の中でも「1対1ではないイノベーションを仕掛ける」（＝従来のR&Dとは異なるイノベーション活動を行う）ということは決まっていたことから、課題解決の第1歩としてまず行ったのが、JR東日本研究開発センターが持つ技術開発テーマの〝可視化〟である。ここではテーマの領域を見据えていくのはもちろん、目指すべきビジョンに沿った具体的なテーマへの落とし込みや、目指すビジョンに対して不足する機能の明確化などを実施。これまでとは異なる新しい領域での価値創造を見据えていくため、一連のR&Dマネジメントの視点から「JR東日本が目指していくべき姿」を具体化していった。

さらに、その行程はもちろん技術革新中長期ビジョンに照らし合わせる形で進められたのだが、それだけにとどまらず、鉄道系で先進的な取り組みを進めている海外プレーヤーや鉄道以外での国内の先進的なコンソーシアムの動きなどにも注目。ドイツ鉄道（Deutsche Bahn）の事例では、従来の「Station to Station」に代わって「Door to Door」を意識したビジョンを掲げており、そこから「生活者中心でものごとを考える発想」への気づきもあった。

例えば、ビジョンの構築において「課題解決の枠組みの打破」で見た場合、これまでは〝鉄道〟の在り方のみを考えておけば良かったが、今後はもう少し視点を広げて〝交通全体〟の在り方を考えたり、さらに広げて〝都市・地域〟または〝スマートシティ〟の在り方までを考えたりしていく、といったイメージが挙げられた。

また「パートナー・経済圏の広がり」で見た場合では、これまでの経済圏では「鉄道」と「利用者」のみが含まれていたが、今後はこの経済圏に含まれる対象を「他交通事業者」や「駐車場業者」、さらには

「商業施設」や「自治体」にまで広げていくことも視野に入れていくべきだ、というイメージもあった。

そこで、1つ目のポイントとして重視したのが、他社のコンソーシアム活動事例なども踏まえつつ、「ビジョンを大きく描いたうえで、やるべきことを明確化する」ことである。移動手段としての価値向上に加え、社会・公共の視点にまで広げて価値創造を狙うことで、外部パートナーへの求心力や経済圏の拡大が可能となり、既存の枠組みを打破する全体方針のデザインを実現できるようになる。実際、当初のビジョンではモビリティ変革を掲げながらも、モビリティだけではなくスマートシティのWGも立ち上げたことは、このような意識が大きく影響している。

多様な視点に役立つ「ステアリングコミッティ」

2つ目のポイントは、「既存の視点を継続的に打破できる仕組みを構築する」ことである。既存の枠組みを超えていくためには、鉄道以外の多様な視点を取り入れることが重要であり、その役割を担う仕組みの1つとしてMICに導入されたのが、第3章でも紹介した「ステアリングコミッティ」である。

ステアリングコミッティは、委員長と副委員長を除く8名がJR東日本以外のメンバーで構成されており、強いこだわりを持ってメンバーを選んだ点が大きな特徴だ。

例えば、創造性を育む教育に関わるCANVAS代表の石戸奈々子氏や、地方と都市の新たな関係づくりに取り組むロフトワーク共同創業者の林千晶氏、鉄道以外の社会性の高い企業・組織からは日立製作所フェローの西野壽一氏や野村総合研究所主席研究員の藤野直明氏、NTT副社長の川添雄彦氏、日建設計

高輪ゲートウェイ駅で、MICやJR東日本の実証実験を見学しながら、ステアリングコミッティの会議を実施（出典：JR東日本）

ダイレクターの安田啓紀氏、大学・研究機関からは東京大学大学院工学系研究科の羽藤英二教授、中央大学理工学部の原田昇教授といった、多様な視点を持った人たちを選出。

そのメンバーが四半期に1度のタイミングで会議・活発な議論を行い、時には実証実験活動の見学会を開くことで、定期的にMICの活動について客観的な視点で様々な意見を提示していただけるのである。これにより、継続的に新しい視点と示唆を提示してもらえるような仕組みとして機能している。このように、目指すべき方向性をビジョンとしてきちんと設計したうえで、「既存の視点を継続的に打破できる仕組み」を用いて常にアップデートしてきた。

また、既存の仕組みを継続的に打破できる仕組みとして、「社内社外の巻き込みに向けた様々な枠組みの設定」も挙げられる。例えば、同じく第3章で触れたアイデアソンやハッカソン、テーマ勉強会はまさにそれで、特定のテーマの育成や新たに扱うテーマの創出において、社内外のスムーズな連携を実現する枠組みとなっている。その他、複数視点を持ったWGの設置なども、社内社外の巻き込みに向けた枠組みの1

つである。

そして3つ目のポイントは、JR東日本の「〝変化〟を社内だけでなく、対外的にも打ち出す」ということである。例えば、JR東日本における技術革新の取り組みや直面する課題などを社外へ発信することを目的とした「JR-EAST Innovation 2017」(https://www.jreast.co.jp/development/tech/contents61.html)では、MICの主要メンバーによる講演や外部企業の先進的なキーパーソンとのパネルトークなどを実施した他、イノベーション関連や鉄道・交通など、方向性が近い分野の先進的な新しい取り組みを紹介している展示会や講演会などでも常に情報を発信。社内向けだけでなく社外向けにも大々的に「JR東日本は変わっていく」ということを打ち出し続けた。

そもそも、コンソーシアムの活動に限らず、事業からあまりに乖離（かいり）したビジョンや方向性を掲げてしまうと、社内でも賛同を得られないこともあり、結果的に十分なアセットを獲得できずに小粒な活動になってしまう結果になりかねない。

一方で、社内を意識し過ぎてしまうと既存路線の延長線になってしまい、革新的なイノベーションをなかなか起こせないこともあり得る。また、活動の初期段階では問題なかったものの、活動を続けていく中で徐々に社内の意識に引っ張られて最後は既定路線に落ち着いてしまうパターンや、必要な仕組みをしっかりと構築できず継続もままならない状況に陥ることもある。

そういった中で、MICはここまでに紹介した3つのポイントを意識しながら「既存の枠組みにとらわれずに全体方針をデザインする」ことで、様々な問題をうまくクリアしてきた。

「既存の枠組みにとらわれずに全体方針をデザインする」のポイント

①ビジョンを大きく描いたうえで、やるべきことを明確化する
②既存の視点を継続的に打破できる仕組みを構築する
③〝変化〟を社内だけでなく、対外的にも打ち出す

その2「企画実行に向けて動き出す」

２つ目の成功の条件となるのが、「企画実行に向けて動き出す」ことである。とくに、ＭＩＣのような新しい活動を始める場合は、その活動を進める際の最初の動き出しがとても重要となる。活動の立ち上げを円滑に進めるためにも、対外的にもインパクトのある初動を意識して実行することが肝心である。

ＭＩＣの設立において、事務局がまず重視したのは、ＪＲ東日本が「1対1」の関係性で複数の会員企業と契約をするのではなく、ＪＲ東日本と複数の会員企業がフラットに「Ｎ対Ｎ」の関係性を構築することにあった。これを実現するためには、一般的にコンソーシアムでは緩いつながりを打ち出す必要がある。このため、ＪＲ東日本がその存在感を強く打ち出し過ぎて、「会員企業が違和感を持って去ってしまう」ということは避けなくてはならない。

一方、緩いつながりといえども会員企業の自然発生的な自主性だけに任せてしまうと、「なかなか成果が生まれない」あるいは「参加する会員企業の取り組み方によっては成果に差が生まれてしまう」といった弊害が起きてしまう。さらに言えば、「誰もが知っているような企業が主体の組織に所属しておけば、何らかの成果やメリットが得られるだろう」といった感覚で、〝とりあえず参加しておけば何とかなる〟という軽いモチベーションの企業が集まってしまうケースも考えられる。そのような背景から、動き出しの際には多くの会員企業を集める工夫とともに、これらの懸念を払拭するための工夫も必要になってくる。

本章第2節〈その1「既存の枠組みにとらわれずに全体方針をデザインする」〉でも触れたが、JR東日本は2016年11月に「技術革新中長期ビジョン」で新しいエコシステムの構築を、さらに翌17年9月にはMICの設立と会員の募集を、プレスリリースで対外的に発表した。ここで注目したいのは、一般的なコンソーシアムでは「お決まりの関係先などを集めたクローズな組織」を構築してしまいがちだが、MICの場合はプレスリリースでオープンに打ち出し、「参加したい人は誰でも来てください」と呼び掛けたことである。

故に1つ目のポイントは、「これまでつながりのなかった企業もアクセスできるようなオープンな対外発信を行う」ことである。MICは対外的なプレスリリースでの発信とオープンな会員募集説明会の実施により、間口の広さを訴えて様々な参加者を集めることに成功した。

さらに、「JR東日本＝鉄道（モビリティ）」という一般的なイメージを踏まえてモビリティに関係のない企業でも参加しやすいように、想定する3つのWGの具体的な領域（Door to Door推進、Smart City、ロボット活用）を提示した他、主なスケジュール、多様なバックグラウンドを持つステアリングコミッティのメンバーまでを、プレスリリースに明記した。これにより、当初は2回開催する予定で進めていた会員募集の説明会は、最終的に3回目まで開催するほど多数の応募があった。

実際、多くのコンソーシアムでは「やります」と言ったものの、いざ始める際になって「何をすればいいのかが分からない」となってしまうケースも多くある。そういった中で、MICは具体的な内容を可能な限り盛り込み、将来的な成果を描けるように情報発信してきたのである。

２つ目のポイントは、最初から「JR東日本のニーズと会員企業のやりたいことを両立してテーマを決める」という点である。会員募集の説明会では参加者にアンケートも実施した。そこで「どんなテーマをやってみたいか」などのオープンな質問に答えてもらったところ、非常に幅広いテーマが寄せられた。MICでは「会員企業がやりたいことをまずはやってみる」というJR東日本の意図があったからである。ただし、最終的にJR東日本全体の賛同が得られないと「継続性のある大きな活動にはならない」という側面もあることから、会員企業のやる気とJR東日本のニーズを踏まえながら、サブWGのテーマを選定する必要があった。

そこでMICの事務局は、アンケートで集まったテーマを一覧化し、それをコンソーシアム設立時に可視化したJR東日本のニーズ／目指すべき姿を踏まえてグループ化した。これにより、例えばDoor to Door推進WGであれば、「気仙沼BRT（バス高速輸送システム）を中心とするバスの自動運転化（＋関連システム）」「駅内（駅から停留所へ）のリアルタイム案内による移動円滑化」など、JR東日本のニーズと会員のやる気を両立する大まかな方向性を抽出した。

さらに、このそれぞれの方向性に対して、活動のリーダー的役割を担う「幹事企業」の候補を会員企業から募集。その候補企業には「どんなテーマでどう活動するのか」という活動テーマ案を作成いただき、事務局や他の会員企業に向けてプレゼンしてもらった。そして最終的に、その活動テーマ案に賛同する会員

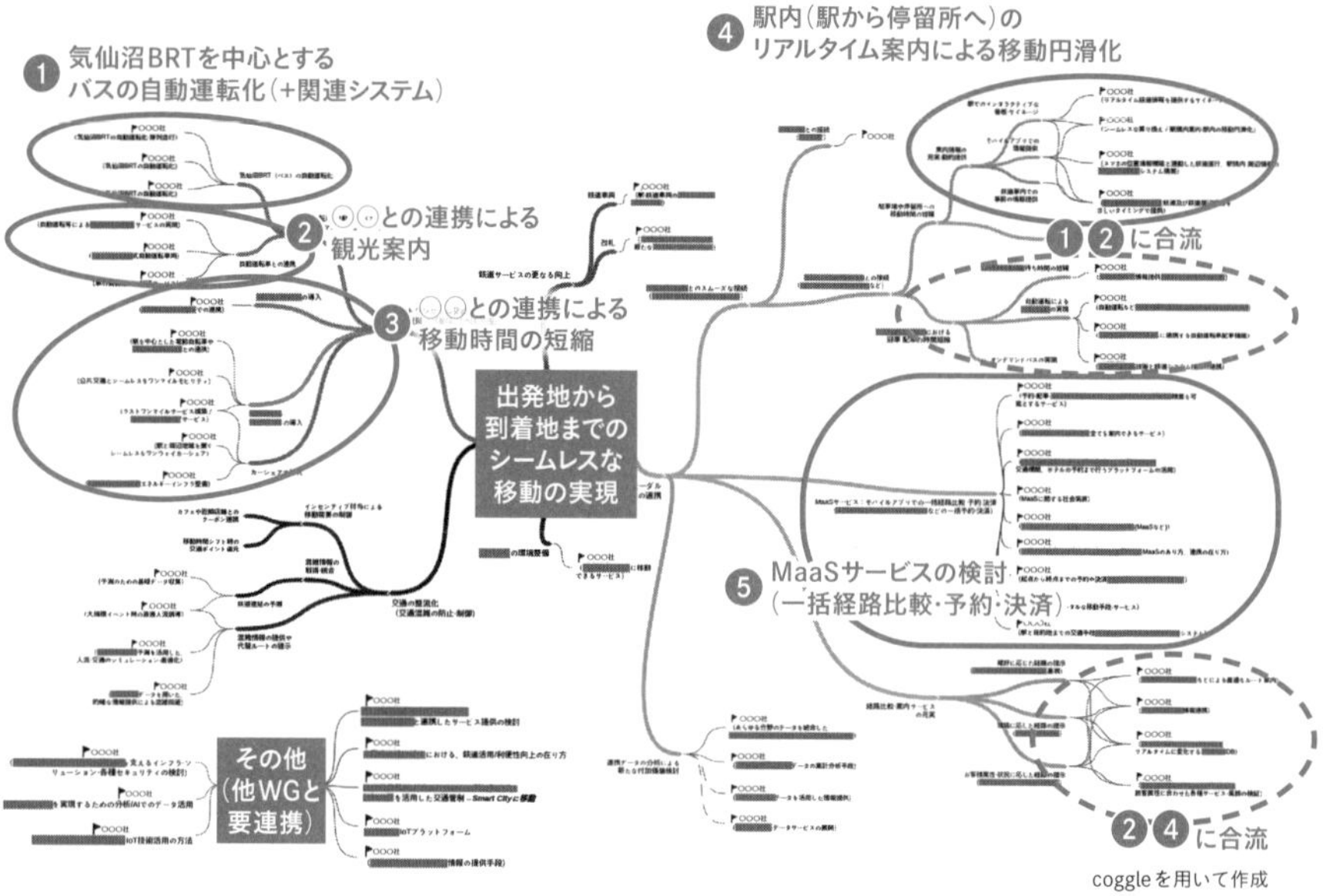

coggleを用いて作成

WGで目指す方向性を中心に、企業名と希望テーマを一覧で可視化。JR東日本のニーズ/目指すべき姿を意識しながら、関連するテーマ領域ごとにグループ化した。上図はDoor to Door 推進WG(現Future Mobility WG)における検討の一部(出典:JR東日本)

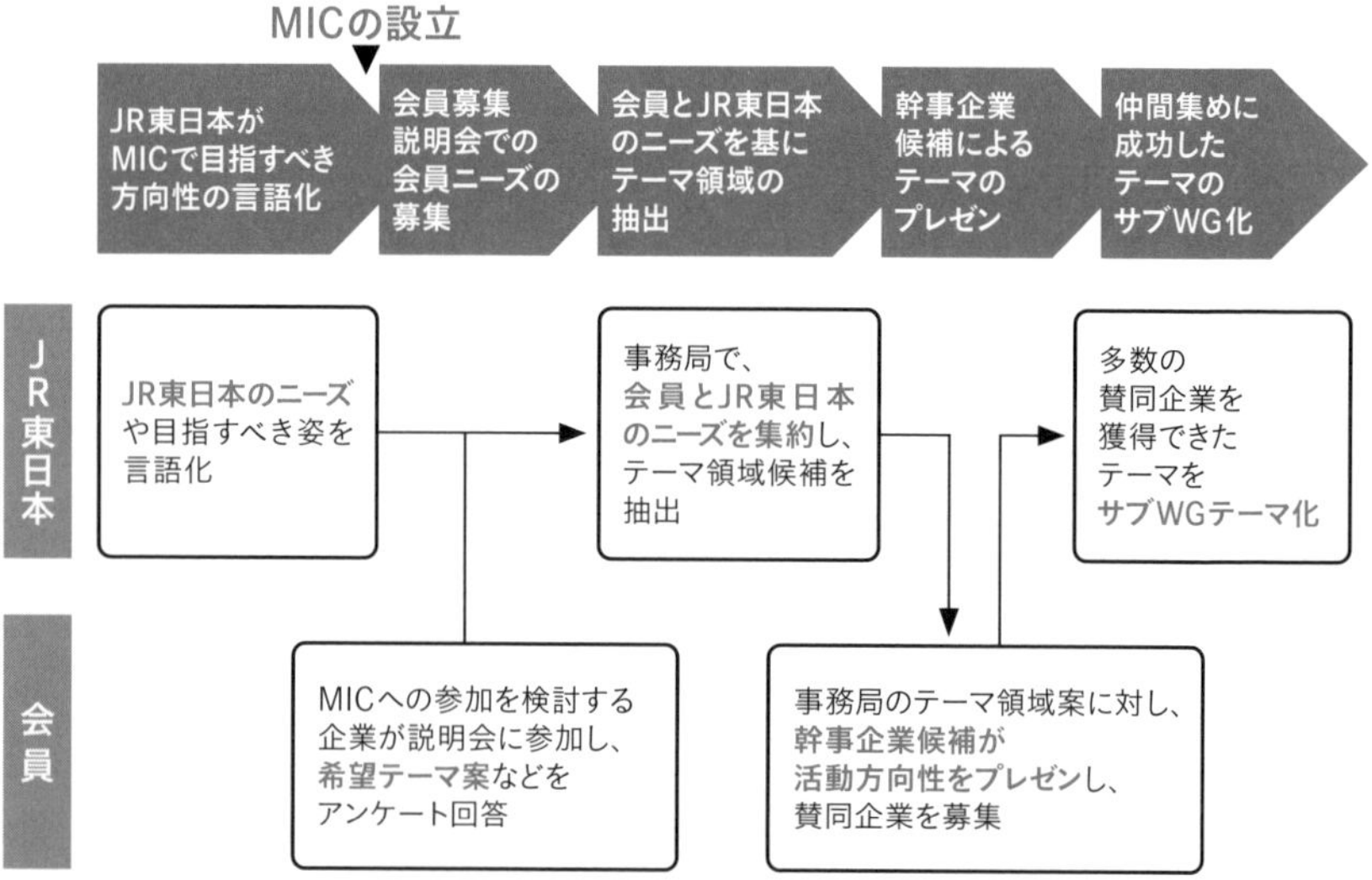

JR東日本のニーズと会員のやる気を両立するテーマ領域を設定。幹事候補企業が旗振り役としてプレゼンを行い、賛同する会員を集めた(出典:JR東日本)

企業が幹事企業とサブWGを構成し、実際の活動へと移っていった。

会員の「まずはやってみる」を尊重

こうしたテーマ選定のプロセスを採用したことで、立ち上がったサブWGの中には、当初JR東日本が想定していなかったような活動もあった。しかし、想定外であってもJR東日本のニーズを踏まえながらテーマ案のグループ化を行ったことで、JR東日本から賛同を得られる距離感の中で、他の会員企業の賛同を多数得て立ち上がったサブWG例がある。「スポーツ門前町」というコンセプトを掲げて実証実験を進めた「駅からはじまるスポーツのまち」などである。

これは、多数の企業が参加したという点でもユニークな事例である。実際、他のコンソーシアムでは、会員企業がやりたいことは実現できるが事務局企業のやりたいことが実現できないと、「事務局企業の組織から必要なアセットが得られず中長期的なテーマ育成ができない」という事態に陥ってしまうことにもなりかねない。会員の「まずはやってみる」を尊重しながら、そういった事態を避けられる構造になっているという点は、他のコンソーシアム活動との大きな違いである。

3つ目のポイントとなるのが、事務局が会員企業の募集で意識した「本気度の高い会員を集める、意図的につくる」ということである。説明会を3回実施するほどの注目度を集めたものの、あまり積極性を持たない会員ばかりではアジャイルな活動や成果創出に支障をきたすため、そうした会員をうまく選別するための工夫を施した。

例えば、第3章でも説明したが、会員の種類として実証実験に参加できる「運営会員」と、情報共有のみとなる「一般会員」を用意し、そのどちらも会費を徴収する仕組みを用意した。参加費は運営会員が年額40万円、一般会員が10万円となるが、〝高過ぎず、安過ぎず〟という金額を設定することで、情報だけ取得して実際の関与が薄くなりがちな会員が発生しにくい体制とした。

さらに、運営会員であっても、あまり積極的に参加しない会員も残念ながら存在してしまう。そこで、会員が実証実験へ参加する際には「NDA契約」と「実証実験契約」の2つを締結しなければならない仕組みも導入した。これは実証実験を進めていく中で、知財の帰属の問題やアセットなどの提供に関してそれぞれ契約が必要になったという実務的な必然性からこうした形式となった。もちろんそこに至るまでには参加企業間で様々議論し、検討を行った結果である。これにより、運営会員であってもこうした手間をかけてまで参加しようとする企業だけが残ることになり、アジャイルな実証実験に臨めるようになった。

なお、サブWGの旗振り役を担う幹事企業は、もちろんJR東日本もある程度はサポートするが、それだけでは足りず実際の実証実験に向けた協力先を集める必要もあった。この点については、幹事企業のやりたいことがサブWGのテーマになっていることもあり、幹事企業が持つネットワーク内に必要なテクノロジーを持つ外部会社や団体が存在することもあったため、活動の進捗に応じてそういった新たなメンバーが参加するケースも少なくなかった。こういった部分でも、オープンかつ自律的、自発的な特徴が生かされている。

ちなみに、最初の活動テーマ案の作成も含め、幹事企業は一見すると責任範囲が重く、そのためのリソースを多く負担しなければいけないように感じるかもしれない。しかし、幹事企業からの声を聞くと、活動テーマ案の作成については仮に採用されなくても、「様々な企業がいる中で、自分たちのやりたいことを発表できた」こと自体がメリットになっていたという。実際のテーマ活動にはつながらなかったものの、コンソーシアムでのネットワークから新しいビジネスの関係に結び付いたこともあり、ＭＩＣのような場で情報発信すること自体にメリットがあったといえる。

また、幹事企業はすべてが自主的に選ばれたわけでなく、スタート時はＭＩＣの事務局側で、ある程度意図的に、ＪＲ東日本と関係性が強い企業に立候補をお願いしたケースもあった。そのような企業に任せることで、「どんな活動の進め方、スピード感になりそうか」や「どんな成功事例が構築できそうか」などのイメージが予測しやすかったためである。基本的には会員企業の自主性を尊重しつつ、一部においてはこのようにＪＲ東日本の考えも織り込んでいたことが、スピード感ある活動と成果の創出、それに伴う新たな会員の呼び水になったと推察できる。

オープンであることで一貫しつつ、積極的に関わろうとする様々な会員に門をたたいていただくことで、初年度は約15のサブＷＧが走り始めることとなった。ここまでに紹介してきたポイントが、「社内外のやりたいことを呼び込み、束ねて動き出す」ことに大きく役立ったことは、この結果からもうかがえる。

「企画実行に向けて動き出す」のポイント

①これまでつながりのなかった企業もアクセスできるようなオープンな対外発信を行う
②ＪＲ東日本のニーズと会員企業のやりたいことを両立してテーマを決める
③本気度の高い会員を集める、意図的につくる

その3「社内関係箇所の理解を得る、既存活動とアラインを取る」

３つ目の成功の条件としては、「社内関係箇所の理解を得る、既存活動とアラインを取る」が挙げられる。ここまで述べてきた通り、ＭＩＣの設立は「技術革新中長期ビジョン」で掲げられた「全社的なエコシステム型オープンイノベーションの必要性」に基づいており、そこから様々な具体的施策へと落とし込まれてきた経緯がある。そのうえで、ＭＩＣがコロナ禍を経てもしっかりと継続できている秘訣には、社内向けの説明をしっかりとして、継続的に社内の理解を得てきたこと、あるいはそれを意識してきたことが大いに関係している。

これらのうち、重要になる１つ目のポイントが「トップダウンの施策と連携する／トップを巻き込む」だ。ＭＩＣのような新しい取り組みにおいては、特にトップのコミットメントを得た活動になっているかという点が非常に重要である。

例えば、ＭＩＣの活動におけるＪＲ東日本研究開発センターとの連携は、オープンイノベーションを実現する意味でも大きなカギを握っていた。なぜなら、ＭＩＣから生まれた新技術の実証が終わった後、その新技術の一部の商用化はＪＲ東日本研究開発センターへと引き継がれるからである。一般的に、伝統ある日本の大企業の場合、研究開発部門が技術開発の主導権を握っているケースが多く、そのような部門に対してＭＩＣのような新たに立ち上がった組織から「オープンイノベーションを実現しよう」と呼び掛けるのはかなりハードルが高く、なかなか理解が得られないというケースも少なくない。

その意味ではＲ＆Ｄ（研究開発）とＭＯＴ（技術経営）をきちんと分離する必要があった。Ｒ＆Ｄは社内のニーズに基づいて必要な開発を行い、ＭＯＴは会社に必要な技術を見極め、戦略も併せて考えていくということである。技術イノベーション推進本部（現イノベーション戦略本部）は後者の役割を担っており、その射程範囲はＲ＆Ｄも含む広いものである。

そこでＭＩＣの立ち上げでは、ステアリングコミッティの副委員長にＪＲ東日本研究開発センター所長を選出し、トップの関与を得やすい環境づくりに努めた。ＭＩＣの活動や意思決定にＪＲ東日本研究開発センターのトップが参画しその組織に伝達してもらうことで、相互の関心や理解を深め円滑な関係性を維持できるようにしている。このような体制を構築した点は、ＭＩＣの特徴であり注目すべきポイントである。

２つ目のポイントは、「社内の関係先とアラインを取り、共創関係を構築する」ことである。一般に、多くの企業では、オープンイノベーションを活用した研究開発組織と全社の研究開発部門の活動内容が近すぎてしまい、線引きがうまくできず重複や競合関係となってしまうケースや、逆に活動が遠すぎて活動意義への理解が得られず協力関係を構築できないというケースがみられる。

そこで、MICは基本的に「JR東日本が単独では解決できない課題の解決に取り組む」ことで、これまでつながることの無かった組織を含む他社やアカデミアとの共創活動に注力し、さらに「中長期でのR&Dをメインとする」ことで、JR東日本全体の中長期の事業創出に役立ち得る、既存の視点にとらわれない技術や関係性の構築に努めた。

その点でMICの事務局は組織内外とのゲートキーパーの役割を担い、それにより、JR東日本研究開発センターが主に手掛ける社内の個別ニーズに対応した研究開発との「すみ分けと協力関係」の両立を図ってきた。

例えば、「ロボット活用WG（現Future Technology WG）」では、WG設立当時にテーマ案を幹事企業候補がプレゼンする場があり、JR東日本研究開発センターからもプレゼンを実施し、「駅の案内にAIを活用する」といったテーマがサブWGとして採用され、MICならではのネットワークや発想を生かし活動することができた。現在は実装フェーズに入り、本社の施策として推進されている。

異なる立場の社内関係先が理解しやすい言葉を選ぶ

3つ目のポイントが、「〝社内協力先を主語にした言葉〟で具体的に提案する」ことである。実際の連携を実現させるためには、先ほど紹介したトップダウン関連の工夫に加えて、その提案を持ちかける実務者レベルでの良好な関係性も当然必要となる。これに対してMICは、1つの分野や領域の社員が集まっているわけではなく、車両や乗務員関係業務の専門家、信号通信分野、建築分野、IT分野など様々なバックグラウンドを持つ事務局担当者がいることから、その利点を活用して社内協力先との関係性の維持およ

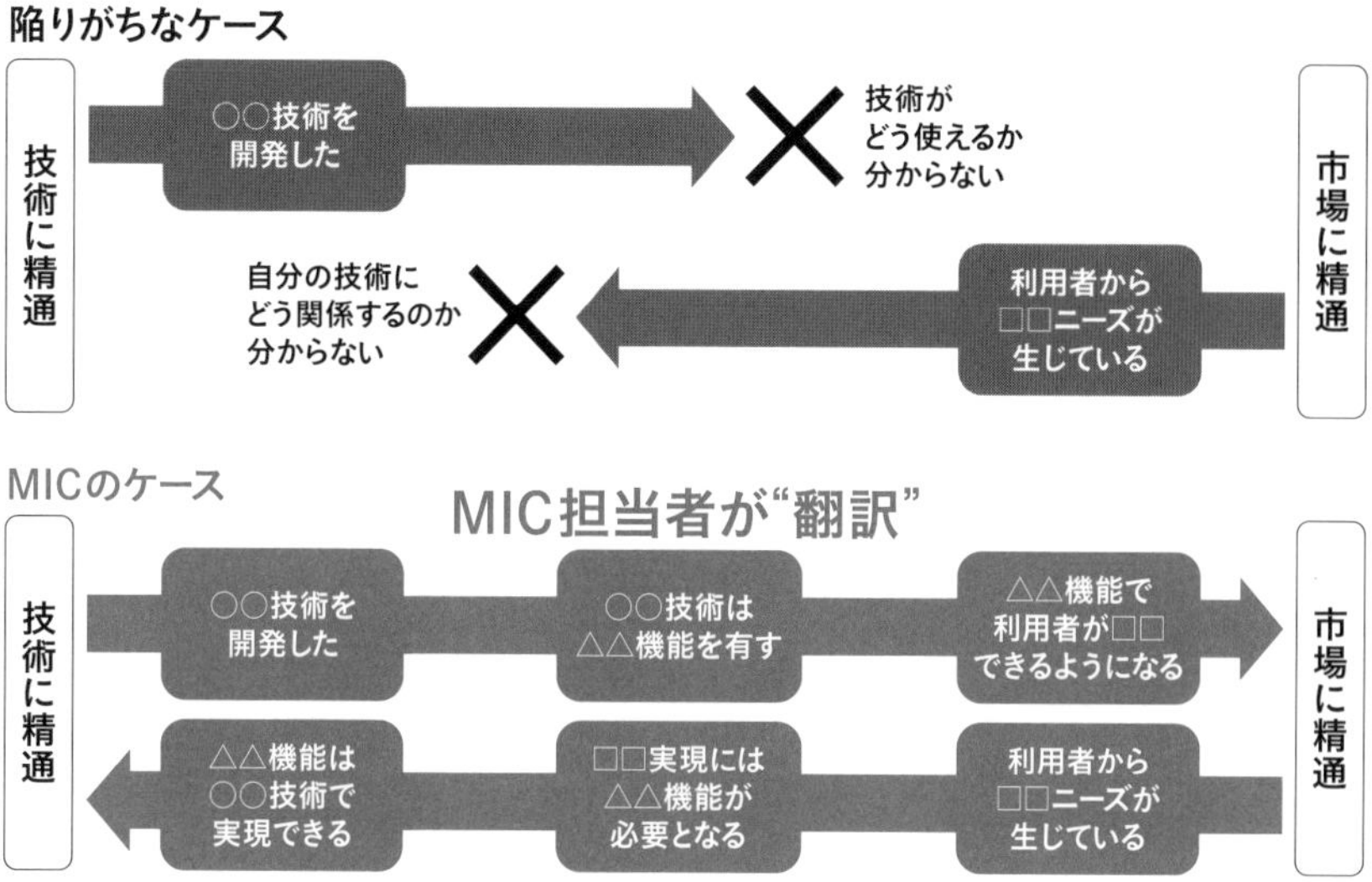
陥りがちなケース
技術に精通
○○技術を開発した
技術がどう使えるか分からない
市場に精通
自分の技術にどう関係するのか分からない
利用者から□□ニーズが生じている
MICのケース
MIC担当者が“翻訳”
技術に精通
○○技術を開発した
○○技術は△△機能を有す
△△機能で利用者が□□できるようになる
市場に精通
△△機能は○○技術で実現できる
□□実現には△△機能が必要となる
利用者から□□ニーズが生じている

技術を生かしたサービス創出・社会実装には、市場の課題・ニーズと技術をつなぐことが重要。MICでは、社内協力先の相手を主語にしたコミュニケーションを心掛けている（出典：アーサー・ディ・リトル）

びニーズを把握してきた。

例えば、ＪＲ東日本の技術系社員が少ない担当箇所が連携相手の場合、個別要素の技術面に詳しくない人も多いため、伝えたい内容を理解してもらうためにＭＩＣで取り上げる技術の特徴を説明するのではなく、その技術が駅利用者や生活者にとってどんな利点や効果をもたらし得るかといった〝翻訳〟を重視した。

一方でＪＲ東日本研究開発センターは技術面には問題はないが、領域外の事業側の発想や市場のリアルなニーズの知見が乏しいケースもあるため、こちらも利用者のニーズに適合する技術を担当者が具体的に連想できるように〝翻訳〟することが必要となる。このように、相手を主語とする言葉に翻訳して提案することが非常に大切で、事務局としても強く意識してきたポイントである。

また、ＪＲ東日本研究開発センターが種々の企画を検討する際には緻密な計画策定と慎重な意思

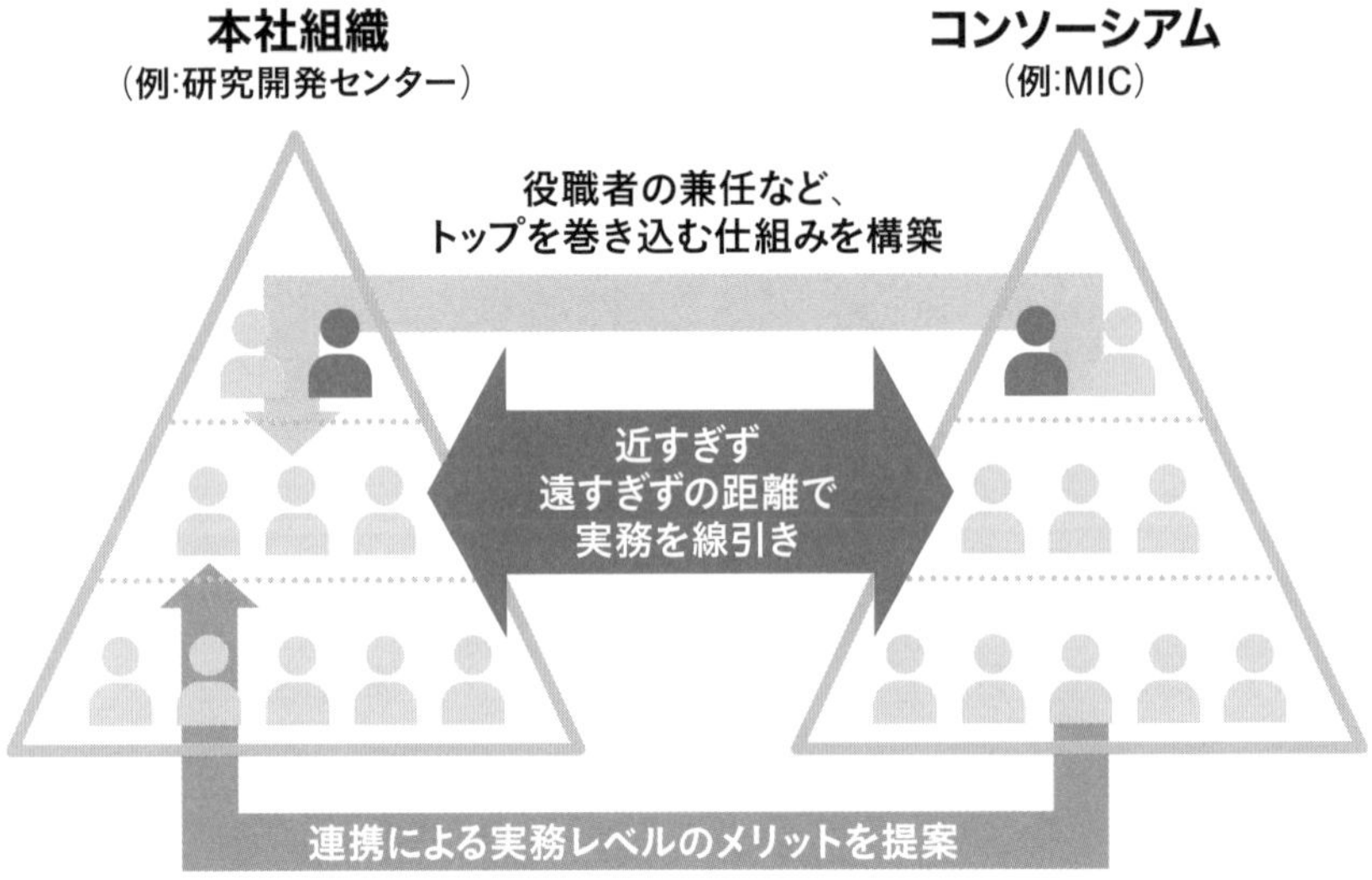

社内連携を加速させるにはトップダウン、ボトムアップの両方の工夫を行うことが重要である（出典：アーサー・ディ・リトル）

決定が行われるが、ＭＩＣでは「まずはやってみる」の精神でアジャイルに動くケースが多い。そのため、個々の実務の進め方やそのスピード感が異なる。そういった違いを実務者レベルで習得できるようにケアするなど、人材育成の観点でもメリットを感じてもらえるような対応について事務局は強く意識してきた。

特にサブＷＧの責任者となる担当者は、企画の構想段階から関わり、各社との協議や社内外の調整から契約実務に至るまでプロジェクトマネージャーとしての多種多様な業務を並行して効率的に進めることが要求される。こうした点を含め、ＭＩＣは従来とは異なるタイプの研究開発の取り組み方にトライできる場としての立ち位置をうまく確立できたことも、良好な社内連携の構築ができた要因の１つである。

なお、事務局の担当者はスタート当初が２人で、２年目でも５人程度だったことから、社外企業への対応を踏まえると、社内に向けられるリソースはどうしても限られてしまう。そこで事務局は、社内向けの実証実験テーマの設定に対して効率性を重視し、各社内組織の考え方を見極めたうえでアプローチしていった。

ここで重要となる視点は2つある。1つは、相手側に「新しいことへチャレンジする意欲の有無とその程度」を確認すること。そしてもう一つは、MICで実現することの意義を踏まえて「MICで解決できそうな課題や悩みを持っているか」ということである。この視点で親和性の高い連携先を見極め、緩やかながらも比較的スムーズに連携実績を蓄積してきた。

活動を進めるうえで、社内連携に力を入れていたタイミングで襲来したコロナ禍は、MICにとっても大きな転換点となった。なぜなら、MICはこれまで中長期のテーマを扱う組織として「まずはやってみよう」という趣旨で活動を進めてきたが、コロナ禍以降は人の移動が大幅に減少し、これに伴って鉄道利用客が減少したため経営的な影響も大きく受け、それゆえ短期的な「成果」も求められるようになったからである。

ここで生じたジレンマは、社会実装を目指し過ぎると「近視眼的になってしまう」一方、中長期だけだと「なかなか成果が出ない」ということである。そこでMICは、中長期のテーマを実現する活動の中に、JR東日本としてのニーズにもフォーカスすることを意識して発信するようにした。コロナ禍以降は、とくにJR東日本への実装にフォーカスするテーマにもより意識を向けてきた。

このような形でMICは、コロナ禍以降にJR東日本をはじめ社内外の環境変化に合わせてその都度軌道修正も図りつつ、社内での連携関係を拡大してきた。

これに加えて、事務局としてもやり方を変えている部分もある。例えば、社内での連携実証が進む中で、観光案内情報をＡＲ（拡張現実）で表示する「ＡＲ技術を活用した観光体験」などの成功事例も出てきたことから、そういった成功事例をＪＲ東日本社内でも情報発信して共有するようにした。さらに、ＪＲ東日本では各支社や現業機関の担当者が集まる場があることから、事務局担当者がそこで成功例をプレゼンし、ＭＩＣの活動をアピールするとともに、実際の現場のニーズを拾い上げたり、場合によっては現場への実装をお願いしたりすることで、新たな地方エリアとの連携へとつなげてきた。このように、成功事例を発信し、連携先を拡大していくことも実務上の大事な取り組みである。

「社内関係箇所の理解を得る、既存活動とアラインを取る」のポイント

①**トップダウンの施策と連携する／トップを巻き込む**
②**社内の関係先とアラインを取り、共創関係を構築する**
③**〝社内協力先を主語にした言葉〟で具体的に提案する**

5

その4「社外を巻き込み、相互にモチベートし続ける」

4つ目の成功の条件として挙げるのは、「社外を巻き込み、相互にモチベートし続ける」である。振り返ると、MICが社外の幅広い企業や人材を集める取り組みをスタートさせたのは、JR東日本がMICの設立をプレスリリースで対外的に発表した「立ち上げ期」の初期からとなる。

社外を巻き込み、相互にモチベートし続ける上で、この時期に特に重視していた1つ目のポイントとして挙げられるのが、「実現したい目的に沿うキープレーヤーの呼び水となる方向性、テーマを設定し、打ち出す」ことであった。

例えば、MIC設立における最初のプレスリリースでは、WGのテーマ領域を設定するだけにとどまらず、それぞれの活動内容の具体例も提示。そういった形で、社外の企業や人材の呼び水となるような〝キーワード〟をしっかり入れ込むことを意識した。

実際に立ち上げ期におけるWG名を紹介するが、それら3つは非常に分かりやすい名称となっている。

①Door to Door推進WGは出発地から到着地までのシームレスな移動の実現を目指すもので、「パーソナルモビリティ、バス、タクシーなどとの運行連携による移動時間の短縮」「事業者の枠を超えた情報共有化による、お客さま1人ひとりに応じた情報提供」などに取り組んだ。

②Smart City WGは次世代型のまちの在り方とそれを支える公共交通の役割の検討で「他交通事業者や各種メーカーとの連携による踏切・ホームなどにおける事故の低減」「再生可能エネルギーの活用や、地域との連携によるスマートグリッドの確立」といったテーマ案が並ぶ。

③ロボット活用WGは公共交通機関におけるロボット技術の活用として、「ロボット技術やドローンを活用した検査・メンテナンス・サービス作業の軽減」「移動支援ロボットを活用した荷物搬送や重作業支援」の活動を含んでいる。

さらに、ここで示されたWGのテーマが、実際にMICが動き始めてからも常にアップデートされている点も見逃せない。実際、コロナ禍によって「駅×ヘルスケア」といったテーマが新たに立ち上がるなど、産業や時代、生活者側の変化などをグローバルな視点で注視しながら、テーマの修正・拡充を図ってきた。このような形で取り組んできたことが、キープレーヤーの継続的なつなぎ留めや新規参入の動きにつながっていると推察する。

「ステアリングコミッティ」の存在も大きい。例えば、目まぐるしい変化に見舞われたコロナ禍の際にも、ステアリングコミッティのメンバーは規定通りに四半期に1回のペースで会議を開催。コロナ禍では3カ月レベルでも様々な変化が起きていたことから、「どのような新しいニーズが発生しているのか」や「そのニーズに対して、企業はどういったところを意識しなければならないのか」、あるいは「そもそもの話として、生活者の意識やライフスタイルはどう変わっているのか」など、多角的な視点で示唆に富む提言を示し続けた。

一般的には、ステアリングコミッティが定例報告会と化し、議論が行われないケースも少なくないが、MICでは時代変化に応じた議論や、実証見学をしながらの意見交換などを行ってきた。こういった仕組みも、同コンソーシアムに参加する様々なキープレーヤーを引き付ける呼び水の1つとなっている。

2つ目のポイントとしては、「各社の熱量を維持・向上させながら、共通の方向に沿った活動を管理する」ことを心掛けた。MICの場合、本格的に活動を開始した当初から約90社が参画し、その後増減はあるが2022年11月末時点では約130社が参画、サブWG数も多い時で15～20個が同時並行で進んでいた時期もあった。そのため、特別な対策などを取らずに運営すると、それぞれのサブWGや企業の取り組みが発散してしまう可能性もあった。

MICとしても、各サブWGが個別に進んでしまった結果、小粒の成果で終わってしまっては、せっかくコンソーシアムを構築した意味がない。そこで、WGやサブWGにとってのマイルストーンとなるような「大きな方向性をそれぞれが共有して進めるべきである」と考え、それを意識しながら活動を進めてきた経緯がある。詳細は本章7節〔その6「変化を見ながら常にアップデートし続ける」〕で紹介する。

さらに、コンソーシアムという形態で複数の企業などが共創した場合、緩いつながりのままでは企業の熱量やモチベーションを保ちづらく、それが成果に悪影響を及ぼすケースも考えられる。そのため、各参加者のモチベーションを高めるような工夫が必要である。

例えば、よくある手法としては会議体の回数などで参加の関与を高める方法などがあるが、MICではそういった手法は導入しなかった。会費を支払ってもらう以外に、実証実験を行うのであれば「各社の持ち出しで実施する」（もちろんJR東日本も一部支出する）という条件を取り入れ、各社が主体的にテーマを選び、それを実行したい場合は、契約に基づく一定の支出にコミットしてもらうことで、サブWG参加のモチベーションを高めている。

一般的に、コンソーシアム会費に加えてこのような形で出資が積み重なってくると、実証実験で明らかに悪い成果ではないが期待するほどの成果が得られないときに、「実証実験を止める」という判断ができずに継続してしまったり、自社の技術を前提とした方向性に進めてしまったりするケースが発生しがちである。

これに対し、MICの活動では「N対N」でのフラットな関係性を基本としつつ、成果が見込めない、あるいは外部環境変化に伴うニーズ変化に非対応な方向へ進んでしまう場合、実証実験やサブWGの打ち切りをいち早く決断するために、事務局が客観的な意見として伝えるなどし、会員にも納得してもらえる形で継続・中止の判断をしたり、メンバーの入れ替えをしたりした。

WGごとにコンサルタントを導入し相互理解を醸成

複数が参加しての共創による活動では、各参加者の方針に食い違いが生じ、どうしても企業の不満が生じてしまうことも起こり得る。ただ、MICの事務局担当者だけではそのすべてに対応しきれないことから、WGごとにコンサルタントを導入（以下、WGコンサル）したのも特徴的な試みだ。

専門のコンサルタント（Future Mobility WGは野村総合研究所、Future Lifestyle WGは日本総合研究所、Future Technology WGはNTTデータ経営研究所）によるサポート体制を用意し、例えば各WGコ

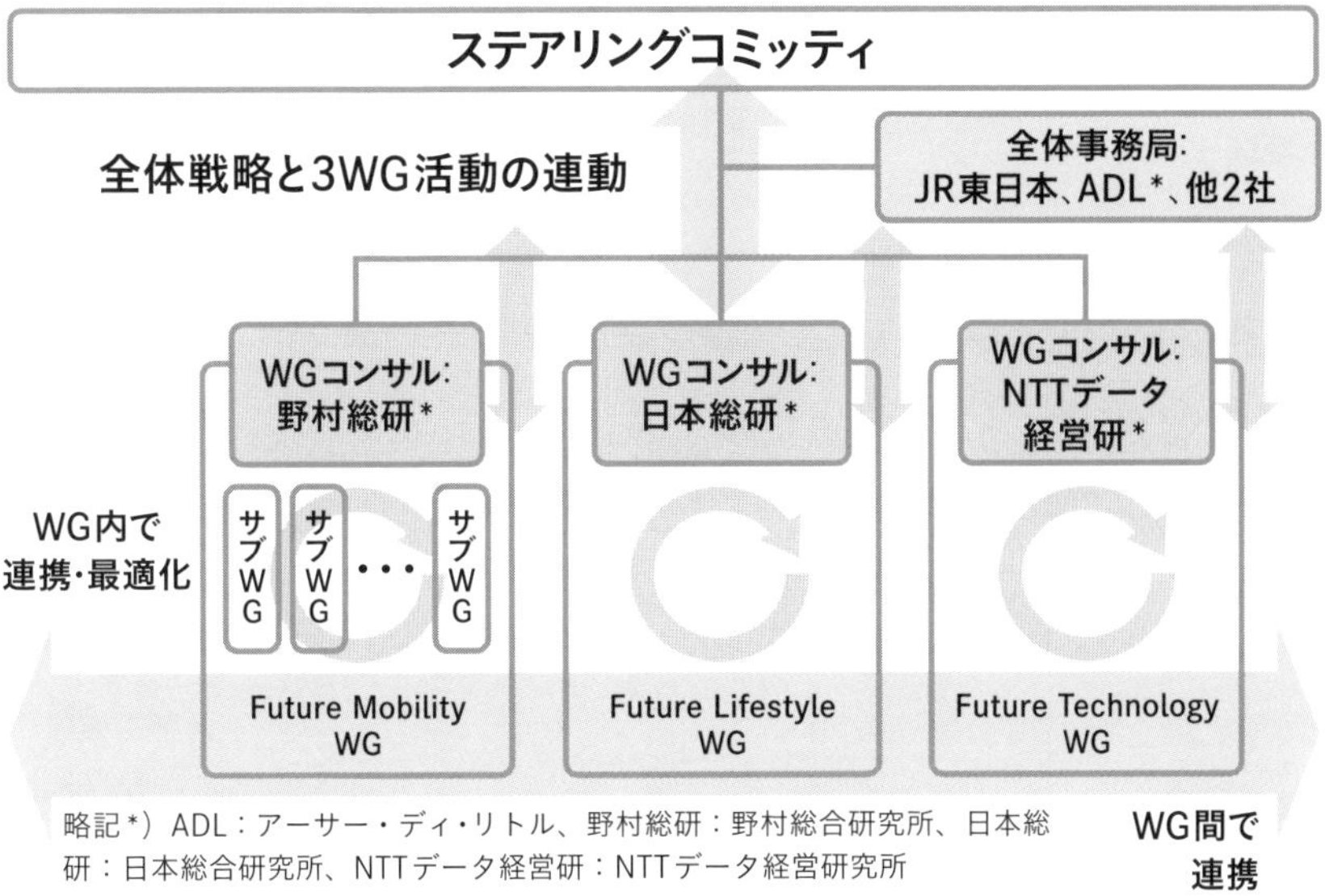

略記*）ADL：アーサー・ディ・リトル、野村総研：野村総合研究所、日本総研：日本総合研究所、NTTデータ経営研：NTTデータ経営研究所

全体事務局はMICの全体戦略の策定と各3WGへの横断的な活動への落とし込みを担い、3WGごとに設置したWGコンサルは各WG内の運営や会員間コミュニケーションの促進を図る（出典：JR東日本）

ンサルが各企業と１対１でヒアリングすることで、各企業の本音を聞き出し、適宜相談に乗ったり企業間の間に入ったりして相互理解の醸成を行っている。

さらに、ＷＧコンサルはこういった対話から問題が発生しそうな場合、その兆候も察知し、事務局やＪＲ東日本に報告していく。これらの協議により、何らかの対応が必要になった場合は一方的にＪＲ東日本からのメッセージとして伝えるのではなく、会員も納得できる形でその方針に沿ってもらえるように運営上工夫をした。このように、事務局やＪＲ東日本と参加企業の間にＷＧコンサルという緩衝機能を持つことで「ＪＲ東日本と会員双方の満足度を保つ」ということまで意識し、円滑な活動につなげている。

３つ目のポイントは、「オープン×自律自発を意識する」ことで、オープンな姿勢を貫くとともに会員の多様性や自発的な活動を継続・拡大させよ

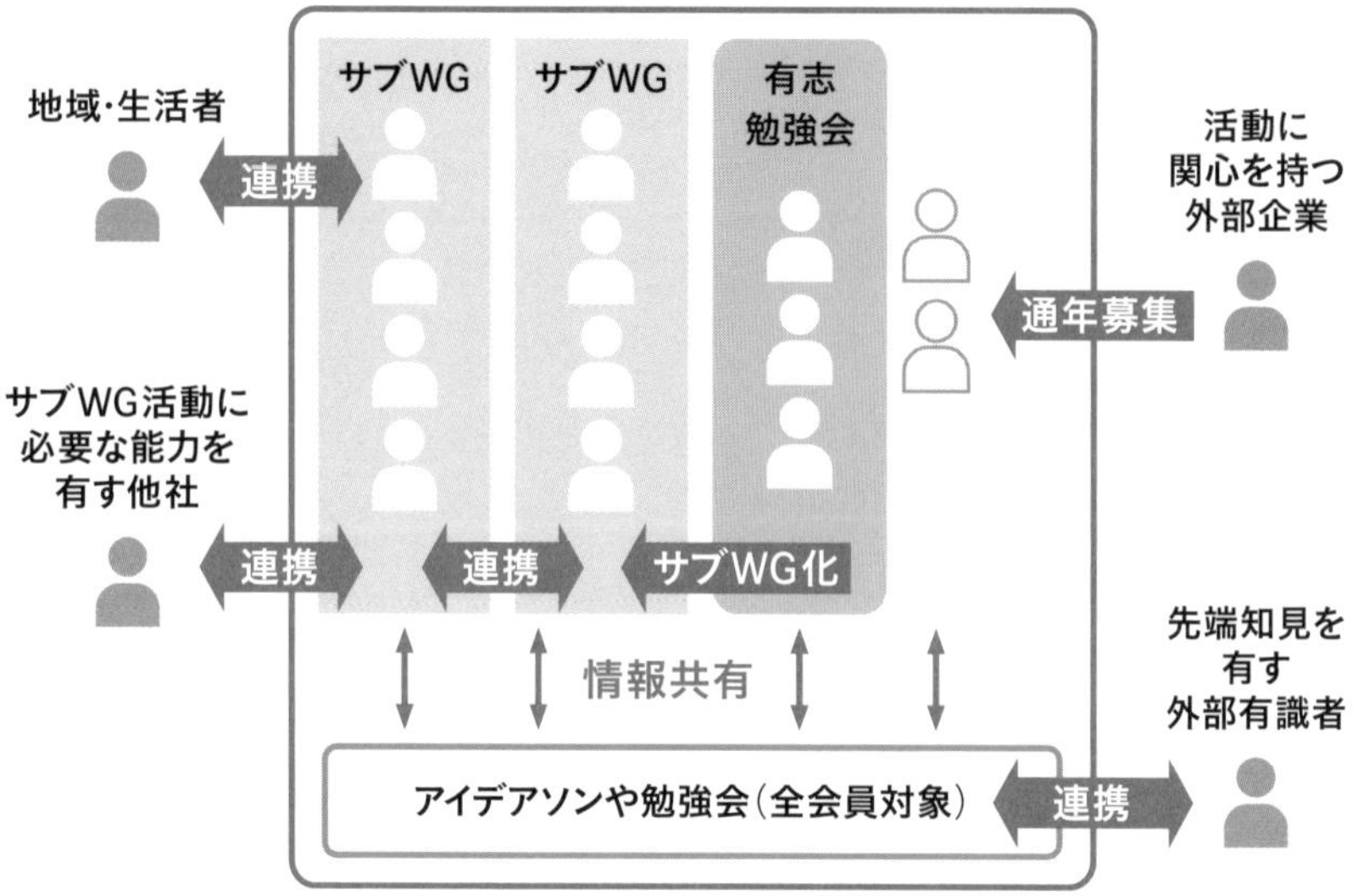

MICはテーマ活動以外でも会員同士の連携・情報共有を行える仕組みや、必要に応じて外部とオープン×自律・自発的に連携できる仕組みを備える（出典：JR東日本）

うというものである。

例えば、Future Technology WGには「空飛ぶクルマ」をテーマとしたサブWGがあるが、空飛ぶクルマは現時点でもなかなか明確な未来像を描きにくい対象である。そこで、このサブWGは発足する前に、空飛ぶクルマの現状に対して「官公庁や大学の先生はどう考えているのか」といった情報や知見を収集すべく、参画企業と事務局が連携して自発的に独自の勉強会を開催した。この勉強会が、テーマの具現化や興味を持つ新たな企業の増加などに結び付いていき、新たにサブWGとして立ち上がったという経緯がある。

その他、会員同士での情報共有について言えば、サブWGに所属している会員だけでなく、それ以外の会員も含めたワークショップを開催することもある。また、参画する会員自身がそのリレーションを生かして実証協力先として有効な新たな参加者を探してきたケースも多い。このように、参画企業が複数のパスで自由度高く活動を具体化・スピードアップできるような仕組みを備えている点は、ＭＩＣが持つ「オープン×自律自発」の特徴となる。

このような３つのポイントを意識して、ＭＩＣは「各社の熱量を維持・向上させながら、共通の方向に沿った活動を管理する」ことを実現している。

「社外を巻き込み、相互にモチベートし続ける」のポイント

①実現したい目的に沿うキープレーヤーの呼び水となる方向性、テーマを設定し、打ち出す
②各社の熱量を維持・向上させながら、共通の方向に沿った活動を管理する
③オープン×自律自発を意識する

5

その5「より広く活発なコミュニケーションを通じて場の価値を高める」

5つ目の成功の条件は、「より広く活発なコミュニケーションを通じて場の価値を高める」こと、つまりコンソーシアム内外のコミュニケーションを活性化させ、さらなる連携先拡大の呼び水としていくことである。そして、その1つ目のポイントとなるのが「コンソーシアム内外へこまめに情報発信を行う」ことである。

具体的な取り組みの1つとしては、MIC設立と同時に立ち上げたWebサイトのアップデートが挙げられる。例えば、各WGの報告会や勉強会の活動概要を随時掲載しているほか、事務局の定例ミーティングやステアリングコミッティのメンバーによる会議などについてもその都度情報を発信。また、広報による発表にも力を入れており、サブWGが進めている実証実験の進捗状況をプレスリリースという形で細かく発信するとともに、サブWGの取り組みが関連するイベントや体験企画などについてもプレスリリースで対外的にアピールしている。

プレスリリースについては、JR東日本と参加各企業の連名で行うものや、同時に参加企業が個別に単

MICのウェブサイト（https://www.jreast.co.jp/jremic/）ではビジョンや活動情報などを一般向けに発信（左）。WaaSの考え方などを著した書籍『WaaS（Well-being as a Service）モビリティ変革コンソーシアムによる「スマートシティへの挑戦」』を出版（右）（出典：JR東日本）

独で行うケースもある。プレスリリース自体が参加企業のプレゼンスアップにつながるという点で、積極的にプレスリリースを実施する効果があると考えている。

２０２２年にはFuture Lifestyle WGでの取り組みを書籍にして出版している。このWGの中で生み出されたWaaS（Well-being as a Service）をタイトルにしている。まだウェルビーイングという言葉が日本国内では広がっていない時期にコンソーシアムの方向性を考える中で出てきた概念であり、商標登録もしているものである。そのPRも含め書籍として世に送り出した。こうした事例も当コンソーシアム活動の一環として特徴的なものである。

このように、MICでは継続して意識的に情報発信に努めているが、一見するとこれは「MICあるいはJR東日本だけのメリット」ではないかと考えられるかもしれない。しかしながら参画する企業にとってもプレスリリースでの発信によって「その活動に参画していること自体が自社のアピールになる」というメリットもあり、ひいてはそれが〝参画のしやすさ〟にもつながるという部分は大きい。

さらに、本章2節〔「その1「既存の枠組みにとらわれずに全体方針をデザインする」〕でも触れたが、MICの事務局長などがイノベーション系のサミットやロボットなどの技術系の展示会などで登壇し、そこで様々な取り組みをJR東日本のイノベーション活動として紹介することにも注力した。草の根ベースの活動も含めて、対外的に存在感を示すような取り組みを常に行っている。

2つ目のポイントが、「N対Nであることを生かした会員間で連携できる仕組みを構築する」ことである。情報発信だけではなく、コンソーシアムの形態を踏まえたN対Nでの会員交流にも力を入れており、会員間の自発的なコミュニケーションを歓迎したり、それを支援したりするような取り組みも特徴である。

例えば、WGやサブWGの報告会では幹事企業が活動の進捗状況についてプレゼンすることが、会員間のコミュニケーションを生み出す代表的な場の1つになっている他、事務局主導で全会員を対象とした年1回の交流会を開催しており、WGが異なる企業間の交流を後押ししている。その他、進行中の実証実験において、その実証実験とは関係のない会員企業に参加してもらうような機会も作り、会員同士の新たなつながりや情報共有のチャンスとなるような施策も実施している。さらに、ともすれば柔軟性を失いがちな企業活動において、デザイン思考を取り入れるため、クリエイティブ・カンパニーのロフトワークと提携し、会員が参加できるワークショップを開催したり、様々な領域の有識者による講演をテーマ勉強会として定期的に開催し、会員間の交流の促進と最新知識の獲得にも努めている。

また、会員がMICに対してどのような印象を持っているかについても定期的に調査している。会員に対して年1回アンケートを実施し、本章5節〔その4「社外を巻き込み、相互にモチベートし続ける」〕で触れたWGコンサルによる会員企業へのヒアリングと併せて、「いまどんな取り組みをしているか？」や「実現したいことは何か？　現時点でどの程度達成できたか？」、「目指す姿の実現に向けてMIC全体事務局や活動への要望や懸念はあるか？」などを確認。コンソーシアム活動のブラッシュアップを目的に、会員企業の本音を聞き出すとともに、事務局や他の会員とのコミュニケーション上のニーズや課題を浮かび上がらせること、各社が自発的な活動意識を持ち続けられるようモチベートすることにも役立てている。

地域や生活者を活動の中に巻き込む

３つ目のポイントが「地域・生活者を巻き込んだコミュニケーションを行う」ことである。社会・産業変革に向けては、企業間で連携を活性化するだけでは不十分で、社会を構成する地域や生活者の思いおよび変化をくみ取って活動に反映していくことが重要である。MICでは、地域・生活者との接点を生かし、新たな技術やサービスに対する社会受容性を構築するような取り組みも行っている。これはMICならではの特徴であるとともに、他のコンソーシアムではあまり見られない視点である。

例えば、本章５節〔その４「社外を巻き込み、相互にモチベートし続ける」〕にも登場した空飛ぶクルマの場合、そもそもの問題として「一般の人はどう思っているか」や「実際にどんなシーンで活用されるのか」などは、そのレベル感も含めてそれぞれ考え方が異なる。そして、そのような状況では単に技術面のみを検討するだけでは全く不十分で、例えば「空飛ぶクルマが世の中に受け入れられるためには何が必要か」といった社会的な要件を幅広く検討する必要がある。そこで空飛ぶクルマのサブWGでは、空飛ぶクルマのイメージ画や模型を作製し、様々な人々が行き交う高田馬場駅のカフェに展示して空飛ぶクルマに抱く印象を投票してもらう試みや、誰もが参加できるVR（仮想現実）の体験型施設を期間限定で横浜駅直結の施設に設置したりするなど、その地域の生活者の方々にも関心を持っていただけるような活動も行っている。

また、横浜駅では最新の機器を用いて健康測定を行うことで、自身の健康に関するデータと割引クーポンが得られる施設として「駅チカふらっと健康測定」の実証実験を実施した他、東京駅や原宿駅ではAR（拡張現実）技術を活用した観光案内の実証実験などを展開し、地域観光の活性化や新たな体験の提供などに取り組んだ。これらも、地域や生活者を活動の中に巻き込んでいくという視点で、工夫を凝らした事象である。

さらにMICの取り組みでは、様々な質問に答える「案内AIシステム」や混雑予測情報を提供する「スマートサイネージ」という2つの実証実験を海浜幕張駅で行うなど、1つのエリアで複数の実証を行ったケースもある。1カ所で複数の実証を行うことにより、個別実証テーマがもたらす価値視点だけでなく、実証テーマ〝群〟として生活者にどんな価値を提供するかも意識している。その駅や地域をよく利用する人の悩みを熟知する〝駅社員〟なども巻き込み、駅をご利用になるお客さまに対して駅社員が「紹介したい」と思えるような実証テーマを実装することで常に生活者を意識した活動としている。

地方創生という点では、首都圏と地方エリアとのインタラクティブな活動をつくり出して、地方を活性化していくという取り組みも、鉄道事業者としては大変重要なテーマである。その点では秋田県湯沢市、青森県田子町、山形県新庄市などで地域の魅力をリアルタイムで発信し、交流人口を増やしていこうという実証実験も実施しており、そこではそれぞれの地域の方に参加いただいて、地域活性化のノウハウを蓄積

2022年1～2月、山手線を起点に駅、まち、人をつなぎ、豊かな都市生活空間を実現する取り組み「東京感動線」と連携し、山手線列車の車体や車内掲示板でWaaSを発信した（左)、また一般の方にも親近感を持っていただけるようにWaaSのポスターをJR東日本本社玄関ホールなどに掲示（右）（出典：JR東日本）

している途上でもある。

その他、現在MICではコロナ禍以降の大きな方向性として先述した「Well-being（ウェルビーイング）」に着目し、それを実現する仕組みである「WaaS®（Well-being as a Service）」によって地域・生活者を中心とした様々な課題に対し、技術をもって解決していくことを目指している。

とはいえ、急に「WaaS」と言われても「何をするのか？」など、なかなか理解しづらいところもあると思われる。そこで、WaaSの概要や具体的な活動内容をMICのWebサイトで発信している他、一般の人にもWaaSに親しみを持ってもらうために山手線のイベントに合わせ、専用のラッピングトレインを走らせ、その車内ではWaaSのPR動画を常時流していた。

このように、多彩な取り組みを展開することでMIC自体のプレゼンスを高めるとともに、会員企業のみならず地域・生活者とのコミュニケーションも高めてきた。

「より広く活発なコミュニケーションを通じて場の価値を高める」ポイント

①コンソーシアム内外へこまめに情報発信を行う

②N対Nであることを生かした会員間で連携できる仕組みを構築する

③地域・生活者を巻き込んだコミュニケーションを行う

その6「変化を見ながら常にアップデートし続ける」

MICの設立当初の目的は、1社だけでは解決が難しい社会的課題について、他の様々な企業や学術機関などと連携し、相互に連携して力を合わせることによって目的を達成すること、つまりオープンイノベーションの実現であり、その達成のため、コンソーシアムの場をイノベーション・エコシステムの構築の場としてきた。ここでいうエコシステムとは、コンソーシアムの場を提供する企業や学術機関などが、生態系のメタファー（隠喩）を援用し、技術革新を進めるための企業間などの産業上の連携のことを指している。そしてそれをアジャイルに実行していくことである。

その後、コンソーシアムによる活動の射程範囲・領域は様々な方向に拡大している。その経過の中で、当初予想していなかった外部環境の変化や活動フェーズの進捗に伴う内部的な変化が発生し、スタート時からすると大きく活動内容が変化した点も多い。大きな外部環境の変化点について、1つはMaaS（Mobility as a Service）の流行であり、もう一つはコロナ禍の発生・継続である。こうした外部環境の変化に常に対応しながら、活動をアップデートし続けることが、成功の要件として極めて重要であった。

前者については、MICのスタート当初はまだ言葉自体が世に出ておらず、その後MaaSをはじめ、「～

as a Service」という表現が多くみられるようになった。後述するが、当コンソーシアムから発信している「WaaS®（Well-being as a Service）」もその一つである。コロナ禍については、人間の様々な活動環境に大きく影響を与え、ライフスタイルまでも変化させることになった。当然ながらコンソーシアム活動も大きな影響を受け、これに伴う変化が生じている。

「変化に常に対応しながらアップデートし続ける」ための1つ目のポイントは、「立ち上げ期、拡大期、転換期に応じて活動内容を見直してきた」ことである。MICの経緯を概観すると、最初の「立ち上げ期」、会員数が急激に増えて活動が活発化する「拡大期」、コロナ禍を経て活動が大きく変化する「転換期」の大きく3つのフェーズで考えることができる。この区分に沿って、活動を変化させながら、外部環境の変化に対応してきたといえる。

まず立ち上げ期について、コンソーシアム設立から実証実験をスタートした当初は、参加企業の要望に沿ってまず「実証実験をやってみる」という段階から始まった。JR東日本の事業フィールドを提供し、実環境の下で実証実験を進めていくこと自体を目的としていた時期である。コンソーシアムのスタート当時は、こうした活動自体が、国内外で他に例がなかった。実際には、2018年度当初から幹事企業に名乗りを上げた企業を中心に複数社が参加するWGがいくつも立ち上がり、実証実験の計画、実行へと進み始めた。

その後、会員数も徐々に増え、WGごとの実証実験テーマも増加し始めたが、単に実証実験を実施するというフェーズは過ぎ、活動の方向性が拡散しないように、全体の出口戦略をつくる必要性が出始めた。3年目に入り、拡大期として、活動の集約のための旗印と具体的な3つの出口戦略の方向性を打ち出した。そして、コンソーシアム全体の目指すべき世界として「WaaS世界観」を策定した。

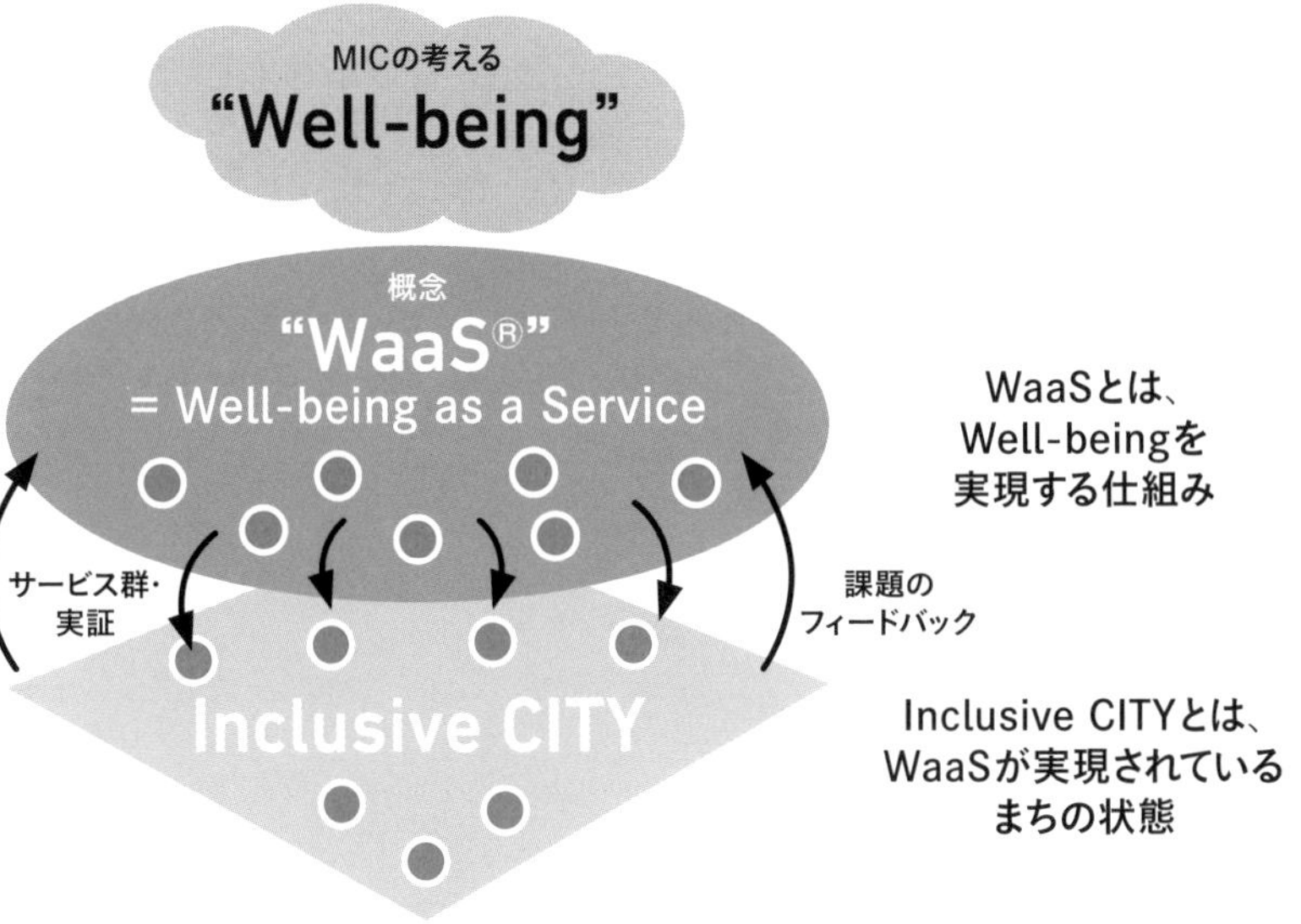

Well-beingを実現する仕組みとしてのWaaSはコンソーシアム活動そのものであり、ソリューションを生み出すプラットフォームでもある（出典：JR東日本）

3つの出口戦略とは以下の通りである。

①実証実験を実施し、知見・ノウハウを蓄積・共有する。
②実装を実現し、水平展開を図る。
③JR東日本に実装する。

①については、実証実験を実フィールドで実施し、その結果や得られたデータを参加した企業で共有して終了するというものである。実フィールドでの実証実験では、様々なノイズや予測できない環境変化もあり、実験室や工場内といった静態的な実験環境での実験とは異なる結果が得られるため、その後の技術開発に向けて価値があるものである。

②については、実証実験結果を実装し、商品化して一般的な水平展開、スケーリングを行おうとするもので、マネタイズをより意識しているものでもある。

③は実証実験の結果得られたソリューションな

心、身体、社会の領域から、Well-beingな状態を発散した。

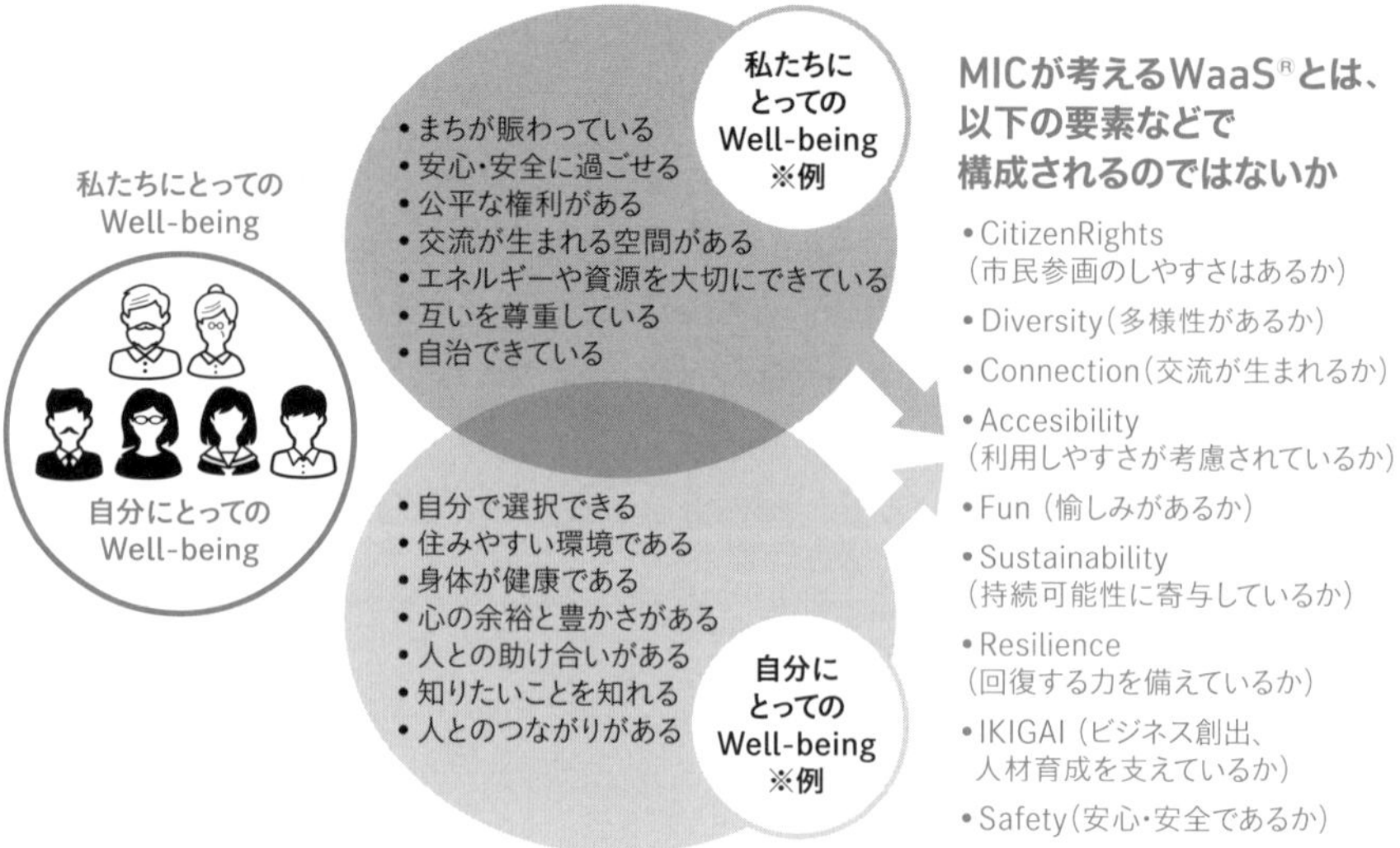

私たちにとってのWell-being
自分にとってのWell-being
私たちにとってのWell-being ※例
• まちが賑わっている
• 安心・安全に過ごせる
• 公平な権利がある
• 交流が生まれる空間がある
• エネルギーや資源を大切にできている
• 互いを尊重している
• 自治できている
自分にとってのWell-being ※例
• 自分で選択できる
• 住みやすい環境である
• 身体が健康である
• 心の余裕と豊かさがある
• 人との助け合いがある
• 知りたいことを知れる
• 人とのつながりがある
MICが考えるWaaS®とは、以下の要素などで構成されるのではないか
• CitizenRights（市民参画のしやすさはあるか）
• Diversity（多様性があるか）
• Connection（交流が生まれるか）
• Accesibility（利用しやすさが考慮されているか）
• Fun（愉しみがあるか）
• Sustainability（持続可能性に寄与しているか）
• Resilience（回復する力を備えているか）
• IKIGAI（ビジネス創出、人材育成を支えているか）
• Safety（安心・安全であるか）

Well-beingという言葉は日本語にはないので、なかなか概念がつかみづらいが、大きく2つの視点がある。1つは「私たち」という視点、そしてもう1つは「自分にとって」という視点である。その複合的な意味を持っている語である（出典：JR東日本）

どをＪＲ東日本の事業フィールドに実装しようとするものである。

　さらに転換期に至ると、コンソーシアム活動の射程範囲・領域の拡大により、全体の大きな方向性を束ねる必要性が出てきた。またＭａａＳという用語が急に浸透してきたのもこの時期であり、その概念との整合も必要であった。このため新たなコンセプトについて議論を重ねた結果、ＷａａＳをコンソーシアム全体が目指すべき世界観・方向性として掲げ、以降はこの大きなベクトルに向かって各種実証実験から実装・展開を進めているところである（「ＷａａＳ」はＪＲ東日本が登録商標済み）。これは次期コンソーシアム活動でも引き継がれていく内容の１つである。

　ＷａａＳの設定経緯について少し触れると、当初Smart City ＷＧ（現Future Lifestyle ＷＧ）を進めていく中で、「Smart City」という言葉の定義について議論することが度々あった。というのも

当時から明確な定義がなく、そもそも何を目指すものか？という課題に行き当たるからである。

そこで目指すべき概念として浮上したのがWell-beingである。一般には「幸福（な状態）、健康（な状態）」などと訳されるが、端的に言うとhappiness（幸せ）より概念の範囲が広く、まちという集合全体が目指す概念として一番的確だということで選んだものである。そして、具体的なまちを表現したのがP．61に示した図であり、これを進める「仕組み」がWaaSである。

WaaSが示す範囲は、P．167の図に示しており、これはオープンイノベーションを進めるプラットフォームであり、コンソーシアム活動そのものである。そして、それを言語化したものがP．168の図である。将来の社会環境の変化に伴い、その定義や構成要素は変化することが予想されるが、Well-beingの意味する射程範囲は大きくは変わらないものと考えている。

外部環境変化に合わせてワーキンググループを再編

大きな外部環境変化であるコロナ禍への対応として、2つ目のポイントとして挙げられるのが、「外部環境変化に応じてWGを適宜再編成し、活動目的・名称を再定義」してきたことである。コロナ禍はMICの拡大期に相当する時期から始まり、2022年現在もその影響が続いている。コロナ禍以前は、東京オリンピック開催を控えていたことに加えてインバウンドによる訪日外国人も増加傾向であり、混雑の解消ということが大きな社会課題となっていた。

当初MICでは交通機関や駅周辺の混雑を課題としてソリューションの開発を図ろうとする「混雑緩和

ＷＧ」を追加し、４つのＷＧ体制で運営していた。そこでは、人流測定技術、人流解析などによるリスク対策などを想定していたが、コロナ禍により混雑そのものが消滅してしまった。その他にも移動そのものの減少、リモートワークの急激な浸透などが社会現象として現れた。

また、混雑だけを解消するのではなく、その情報を得て密な状態を避けることがより重要な行動方針となった。こうした変化に対応するため、ＭＩＣではＷＧの再編を行い、ロボット活用ＷＧと合併して３つのＷＧ体制となった。この時、すでに対象とする領域が拡大していた実態に合わせ、Future Mobility ＷＧ（旧Door to Door 推進ＷＧ）、Future Lifestyle ＷＧ（旧Smart City ＷＧ）、Future Technology ＷＧ（旧ロボット活用ＷＧ、混雑緩和ＷＧ）と名称も変更した。

さらにコロナ禍は非接触という新たな行動様式も生み出した。これに対応してＡＩ案内で使用するサイネージも非接触型を導入した。さらに社会全体でも対面を避ける、一定の距離を取るなど、わずかな期間で大きな社会変化が続いた。まさにturbulent（激動）の状況である。

オリンピック開催を控えていた時期から、外部環境の大きな変化は予想されていたので、コンソーシアムという大きな組織運営には、これに対応する考え方が必要であった。またオープンイノベーションは常に参加者、アセットの再配置が要求され、しかもアジャイルであるから迅速にこれを行う必要がある。

３つ目のポイントとして、コンソーシアム全体の運営、推進については、「ダイナミック・ケイパビリティの考え方で変化を感知しアセットを組み替え」てきた。これは米国の経営学者であるデイビッド・ティースが提唱した考え方で、常に変化する外部環境を前提に、迅速にアセットを組み替え、最適化していくことである。また変化を感知し、捕捉する能力を組織的に獲得していくことが必要でもあった。これらは環境の変化を感知・予測して実証実験のテーマを計画し、複数の参加者で必要なアセットを組み替えつつ結果へと進んでいくオープンインベーションの取り組みには必要不可欠な能力でもある。

結果として、スタート時の変化の予測とは全く違う外部環境変化が起こったが、激しい変化にも適応しつつコンソーシアム活動を継続して成果を生み出すことができている。これを可能にしているのは、参加企業が複数であることに加え、様々な業種の企業が参加していること、コンサルティング会社をはじめとする情報収集に長けた事務局メンバーがそろっていることで、相乗的に環境変化に対する高い感知能力を維持し、迅速なアセットの組み替えを可能にしているものと考えている。これによりオープンイノベーションのプラットフォームとしてのコンソーシアム組織を外部環境の変化に対して常にアップデートしていけるものと考えている。

具体的な例としては、もともと2020年の東京オリンピックを想定して、AIによる外国語案内などを実現するAI案内ロボットの機能を作りこんでいたが、コロナ禍によりインバウンド客の来日が消滅した際に、外国語案内を通じた混雑緩和という目的から密集や接触を回避した安心できる公共空間の構築へと目的を切り替え、非接触による案内技術を磨くといった方針変更を実現できたことが挙げられる。また、当初混雑緩和やリスク回避を目指した人流測定技術の開発や人流解析についても、単に混雑に対応するもののみではなく、人流測定技術をお客さまの行動変容を促すツールとして用いたり、交通広告媒体の価値向上に役立てたりしようとするなど、技術そのものの用途も大きく拡大している。

「変化を見ながら常にアップデートし続ける」ポイント

①立ち上げ期、拡大期、転換期に応じて活動を見直す

②外部環境変化に応じてWGを適宜再編成し、活動目的・名称を再定義する

③ダイナミック・ケイパビリティの考え方で変化を感知しアセットを迅速に組み替える

その7「属人的な実務を組織知化し継続する」

約5年にわたるMICの運営において、これに携わった社員が獲得したノウハウや知については多大なものがあると考えられる。それは1対1ではなくN対Nという重層的かつ対象範囲の広いコンソーシアムという複雑な組織運営にも起因するものである。

階層的にはステアリングコミッティ、各WG運営を担当するコンサルティング会社の複数メンバー、事務局として全体の戦略策定を担当するコンサルティング会社やグループ会社、そして関係する社内外のメンバーがあり、これはMIC参加企業とJR東日本に限らない。

しかも各テーマの実証実験の進捗に応じて、常に関係者や関係組織が流動的に入れ替わる。MICの運営全体を見る事務局長として痛感するのは、いくつもの実証実験プロジェクトが並走し、境界が常に変動的な組織運営においては、他領域の最新状況を感知し続ける能力とそれを捕捉して共有し、次のプロジェクト創出に迅速に生かしていくことが大切だということである。

これは各WGを直接担当する社員についても同様で、自らが受け持つWGについて、プロジェクトマネージャーとしての能力を発揮する必要がある。まさに前節で述べたダイナミック・ケイパビリティの能力生成プロセスそのものでもあるといえよう。

ここでは、経験から獲得したいわゆる「知」をいかに継承するかという視点で実務的な経験も踏まえて記述していきたい。通常、担当者自身が仕事を通じて獲得する業務遂行能力といわれるものは、多くの場合ノウハウといわれる暗黙知である。これをいかに形式知へ転換して共有していくか。一般的にいわれるのは文字化・文書化して保存するということであるが、実際のところ限られた時間の中で、常に文書化していくというのは直感的にも難しい。

組織知化を実現するための1つ目のポイントとしては、組織的な業務遂行において、「暗黙知は制度的に業務へビルトインしていく」ようなワークフローとすることである。

具体的には稟議（りんぎ）書の作成と説明、承認のプロセスが暗黙知を形式知に変換するうえで大切な役割を果たしている。これを定期的なミーティングや雑談などを通じてメンバーと共有することが望ましい。単に組織としての意思決定の制度と捉えずに、いかに上司や他人に分かりやすく図表を用いて説明するか、その作成プロセスと説明などの個々の行動が暗黙知の形式知化では重要である。

その点では対面での会話は短くとも効率的で、相手が「視界の範囲にいる」という偶発的な要素が新しいアイデアを生み出すことも多い。リモートの良さもあるものの、すべてを事前計画的に行うことは事実上難しく、それだけでは創発的なアイデア生成が乏しくなる。

次にいかに形式知を組織知とするかであるが、マニュアル化は大事だが時間がかかるため、やはり先述した稟議文書などの質を高めて整理・保管し、業務の文書化を常に整理しておくことが重要である。これにより、人事異動などで社員が替わっても自律的に経過をたどることが可能になる。もちろん稟議書に書いていないことを覚えていくには定期的なミーティングや偶発的な雑談、これらを通じたOJT（職場内訓練）が必要であり、実務上では主任クラスより一階層上に位置するチーフクラスがグループメンバーそれぞれに目を配りながら育成していくことになる。

全体の制度設計としては例えば部長、次長、課長、副課長といった職制の階層間での役割分担と相互の信頼性が大事であり、多数が参加するコンソーシアムのような複雑なプロジェクトのマネジメントは、意思決定の迅速さが要求されるため、権限と指揮命令系統が曖昧なフラット化された組織ではその運営・推進が困難である。また、意思決定を行う公式の権限とリーダーシップを混同しないことが大事で、直面する場面、コンテクストによって両方を使い分ける必要があることを理解しなければならない。

経験的に獲得した、形式知について2つ目のポイントとして挙げるのが、「金銭、守秘、知財に関する契約を適切に結び、コンフリクトを防ぐ」ことである。

いくつか具体例を紹介する。まずは契約の形態である。当初は拠出する金銭に関わる契約のみであったが、現在は1つのテーマに参加する複数企業間で、実証実験そのものの実行に関する契約、実際に金銭的な拠出が発生する企業間での支払い契約、そして知財の取り扱いに関する秘密保持契約（NDA）の3つの契約を締結することとしている。

これはコンソーシアムで実証実験に参加する企業が必要なアセットを自ら準備する必要があること、また、メンバーには入っていても、最終的にアセットを供出することがないケースもあるためである。そして参加したメンバーで実証実験結果は共有するため、サブWG設立後、会議を設定していく初期の段階で

NDAを相互に締結し、後々に知財関係でコンフリクトを起こさないよう未然に防止しておくのである。

これも今となっては当たり前になっているが、MIC運営の経験からノウハウを獲得し、形式知化されたものの1つである。他にも試験費に関する用途制限や財産の帰属箇所検討など実務面で必要となるノウハウに関する形式知は大変多い。これらを1つひとつ共有し、質を高めていくことがオープンイノベーションの確率向上につながっていく。

担当者に求められる3つの能力

3つ目のポイントは、担当者に求められる能力を高めることである。具体的には、以下の3つの能力である。

①構想力
②コミュニケーション能力
③実務遂行能力

①構想力は、担当するWGのビジョンと方向性を考慮しつつ、自社のアセットとの適合性をシミュレーションして、設定されたテーマについてどのように実証実験を進めていくか、またその結果はどのように予測されるか、さらに実装の可能性はどの程度かなどのプロジェクトマネジメントの根幹ともなる能力である。極めて社会科学的であるから100%の再現性はない。しかし長短の時間軸を考察しながらシミュレーションすることによって成果の確度を高めていくことは可能である。

②コミュニケーション能力は、思考や概念の伝達・受信能力であり、自分の考えをいかに的確に言語を通じて相手に理解してもらうか、また相手の考えや伝えたいことを正確に理解できるかということである。MICのように組織の文化的背景が全く異なる人々と共同作業をして成果を出していくためには、同じ組織文化やアルゴリズムを共有している社内でのそれと比較して格段に高いレベルのコミュニケーション能力が必要となる。これは業務を通じた訓練によって向上させることができる。

③実務遂行能力は、一般的に何か新しいことを始めようとするとそれには膨大な実務が伴うため、これを担保するものである。必要な説明書類や図表の作成、関係者とのアポイントメント、会議や打ち合わせの設定、コンフリクトの調整など、それらは無数にある。これらを効率的に限られた時間内に処理して進めていく必要があり、非常に地味で裏方的な作業ではあるが必要不可欠な部分である。

上記3つの能力は個人それぞれにとって得手不得手があるのが通常なので、組織的には相互に補完しながら進めていく必要があるが、個人としてもバランスよく不得手な部分を伸ばしていく必要があり、それによって全体のレベルが向上していく。またこうしたスキルセットは新しい業務に就いた際、属人の能力発揮の再現性を高めることにもつながるものと考えている。

具体的に担当者とのミーティングでどのようなコミュニケーションを取ってこうしたスキルを高めようとしているのか、その一部を紹介したい。P.179の図はメンバーとのミーティングで実際に説明しているスライドの一部である。

この図にある通り、大方針として技術経営の確立と閾（いき）値を超える必要性を掲げている。図について、いつもメンバーに伝えていることを説明したいと思う。まず、最初に示した目的であるが、現在のイノベーション戦略本部は技術を武器に各組織をけん引していく役割を担っている組織であり、技術経営の確立を大目標にしている。そしてイノベーションは短時間ですぐにできるものではなく、様々なコンフリクトに遭遇しても、関係者を説得しながら地道に相当期間継続していくことが必要である。そうするとある時、それが急速に拡大していく転換点があり、これを閾値と呼んでいる。ここを超えるまでは頑張ってソリューションの種を育てていこうということである。

そのためには、図にある3つの能力、再現性の高さの獲得、コンソーシアムを通じてオープンイノベーションを進めるために必要な事業ドメインの考え方など、常にアップデートしながら目指すべき方向を共有しているところである。

特に事業ドメインの考え方は、現在取り組んでいる業務と整合が取れるように解釈していくことが大事である。例えば「なぜ駅の中で実証実験を行うのか」といった基本的な問いに答えるためには、お客さまの「移動空間の価値を高める」など、より高い視点での事業を把握することによって、各実証実験の位置づけや目的を明確にできると考えている。

「属人的な実務を組織知化し継続する」ポイント

①暗黙知は制度的に業務へビルトインしていく
②金銭、守秘、知財に関する契約を適切に結び、コンフリクトを防ぐ
③構想力、コミュニケーション能力、実務遂行能力を高める

目的　技術経営の確立
オープンイノベーションとネットワーク構築

行動大方針　ともだち作戦:自分からネットワークを拡大する
火達磨大作戦:閾値(判断が変わる点)を超える

1　3つの能力構築

『広辞苑』ひ・だるま【火達磨】:全身に火がついて燃えあがること。また、そのもの。「──になる」

(1)構想力(タイムスパンを複数考える。短期、中期、長期で。)
(2)コミュニケーション能力(伝達力:相互に考えていることが伝わっているか?)
(3)実務能力(通常、新しいことには膨大な実務が伴う。事務処理は根拠に従って正確に。)

2　「再現性の高さ」の獲得

・できる人はどこに行ってもできるというのはキャッチアップする力に優れている。
・それは仕事の能力のOSを常に自らアップデートする力。
・仕事はその時のいわばアプリケーション。OSはより難しい複雑な仕事をするために不可欠。
・情報収集・整理スキルを身に付ける(リテラシー獲得は自力しかない、基本だが読書)

3　当社の事業目的の認識

事業ドメインから考える当社がこの地球上で目指す事業目的
(1)稠密な人口都市での移動利便性を提供する(首都圏輸送)
(2)快適な都市間輸送を提供する(新幹線、優等列車)
(3)移動時間の付加価値を高める(UX、エキナカ、駅空間)
(4)駅を起点に関係エリアを魅力的にする(Inclusive CITY)
(5)外部との関係性を継続的に拡大する(オープンイノベーション)

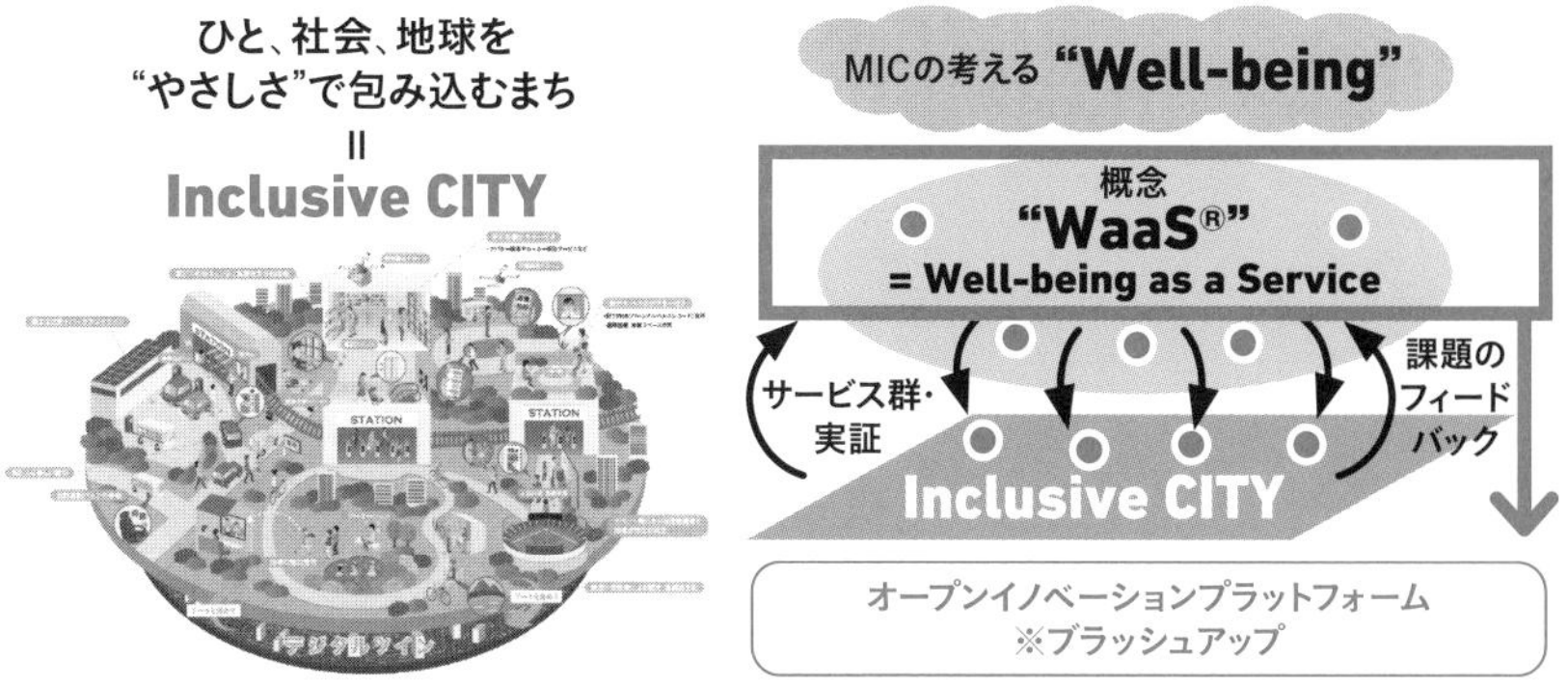

メンバーとのミーティング時に提示して話している資料の一部(出典:JR東日本)

第6章

振り返りと今後に向けて（社会・産業変革への提言）

MICの成果

国内において、これだけの規模でかつ5年間続けてきたコンソーシアムはモビリティ変革コンソーシアム（MIC）の他に例を見ない。これが実現できた背景としては、まずイノベーションに意欲的な企業や研究機関などが国内に数多く存在していた点が挙げられるが、鉄道事業という物理的なインフラを持ち、目に見える利用者が存在する企業の取り組みであったという点も大きいだろう。また、これまでの1対1ではなくN対Nでの取り組みは、言い方を変えれば日本のことわざにある「三人寄れば文殊の知恵」を現代的に拡大解釈したものではないかとも考えられる。

その組み合わせは無数にあり、最適解はそのプロセスにより変わる。つまり解も含め、そのプロセス自体も最初から1つではないということである。実フィールドでは想定外の事態が頻繁に起こり、それがまた技術やソリューションを磨いていく。その過程を眼前にできたことは何物にも代えがたい経験であり、それは参加した方々、皆が感じていることではないだろうか。抽象的ではあるが、この貴重な経験によってさらに質の高い実証実験の実施、そして成果に結実していくものであると考えられる。

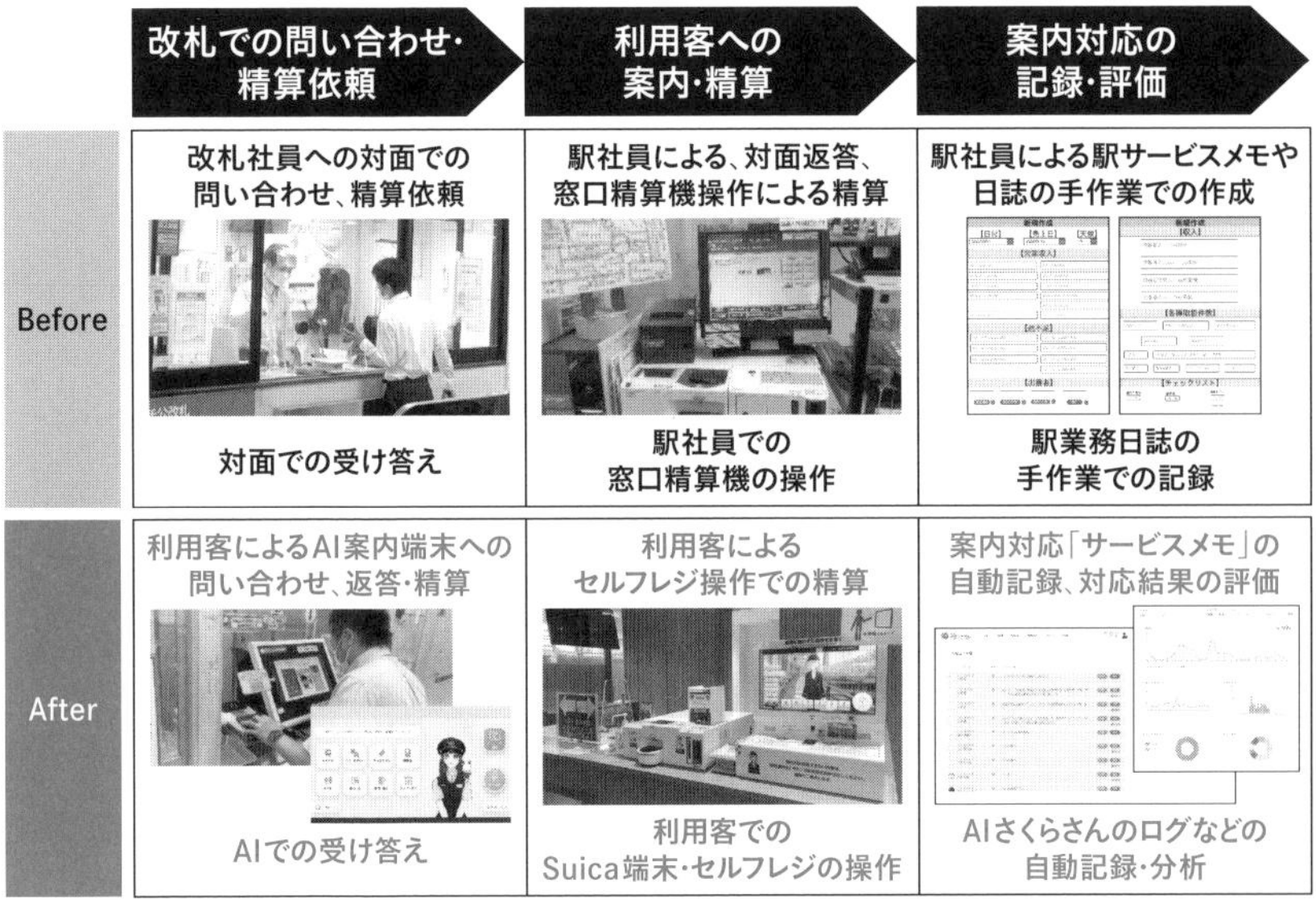

AI案内ロボットにより現場業務のデジタルトランスフォーメーションを推進した例（出典：JR東日本）

具体的な成果としては、実装されたソリューション群が複数ある。それぞれまだ規模は小さいものの、どれもさらなるブラッシュアップを続けておりスケール拡大に取り組んでいるところである。BRT（バス高速輸送システム）、AI（人工知能）案内、観光型XRプラットフォームなど、すでに一般のお客さまにご利用いただいているものもある。これらの課題解決型ソリューション技術は、現場業務のデジタルトランスフォーメーションを推進している側面も大きい。

こうした各実証実験の成果もさることながら、コンソーシアムというオープンイノベーションのプラットフォームの仕組みそのものが最も大きな成果であり、それは変革の大きなエネルギーが集まる場でもある。また、これまでの発注・受注といった一般的なビジネススキームのみではなく、複数かつ相互に企画・立案して実証実験へ進み、成果を追求するという共創の関係性を構築することが可能になったことも大変大きな成果である。

このプラットフォームは、そうしたエネルギーや新たな関係性が集まる「場」であると同時に何かを生み出す有機的なネットワークとしても貴重な「場」といえる。単純な総和以上のプラスαを生み出すものなのである。あらゆる業界、領域の企業や学術機関が集まっており、継続的かつ相互にアクセス可能――というような「場」はなかなか他に見当たらないのではないだろうか。その点でもオープンイノベーションのプラットフォームとして有効に機能していると考えられる。

この数年間で、当初のMICという名称からは想像もつかないほど射程範囲が拡大した。それだけ外部環境の変化が激しかったとも言えるが、その環境変化にその都度柔軟に対応して現在に至っている。言い換えると、それだけ参加いただいている方々の対応力、適応力が高いということである。特に幹事企業を務めていただいた企業やメンバーの方の熱意と努力により、振り返れば数多くの実証実験を実施・継続し、実装までこぎつけたものも多数あり、総じて熱量の極めて高い活動が継続されてきた。

2 MIC2・0の目指すもの

MICは当初予定していた5年間の活動を終了したが、実フィールドでの課題とこれを解決するプロセス、ソリューションは無限にあり、これからも新しい外部環境の変化に伴って新たな課題は確実に増え続ける。MICのような、資本関係などの強い結びつきはなくとも有機的かつ緩いつながりであるネットワークへの参加は、背景に持つ組織文化や慣習が多種多様な企業や組織とつながることができるため、より多面的なコミュニケーションや情報交換が可能となり、単独の組織メンバーだけで課題にアプローチするよりも、高い創造性が発揮されると考えられる。これは米国の社会学者マーク・グラノヴェターの言う「Weak tie」の実現でもあり、イノベーションに関してその効果は極めて高い。

モビリティ変革というテーマから始まったMICもWaaS®（Well-being as a Service）という概念を生み出し、現時点ではその射程範囲もまちづくり、地方創生、AI、XR技術、ヘルスケア、人流測定・解析、量子コンピューターといった極めて広範な領域に及んでいる。さらにコンソーシアムの計画・設立当初にはなかった領域、技術が次々と発生している。メタバース（仮想空間）、NFT（non-fungible token、非代替性トークン)、WEB3・0などはその典型例であろう。
そしてこの数年、想定もしていなかった世界的かつ不可逆的な社会変化も生じた。そうした点で今後も不確実性はつきまとう。いつまた大きな変化がやってくるかは不明だが、ネットワークに積極的に参加し、多面的に変化を感知・捕捉する力を、異なる事業領域の方々と共に磨いていくことがイノベーションの推進には重要である。

MICをさらに発展させた「MIC ver. 2・0(MIC2・0)」の計画も進んでいる。MIC2・0ではこれまでの経験の活用とアップデートを継続し、WaaSという大きな目標に向かって多種多様な課題の解決に取り組んでいく。まず対象領域については、モビリティそのものも継続して対象領域とするが、移動と移動に伴う空間というより大きな対象の捉え方で、新たな課題やニーズを発見し、これを解決して価値を高める活動にレベルアップしていきたい。

具体的な方向性は2つあり、1つは実装確率を上げていくこと。世間では、「千三つ」といわれる領域でもあるが、これまでの経験から実装確率を少しでも上げていきたい。第1フェーズでは基本的に参加企業が提案したテーマについて、実証実験の実施の可能性と可否を検討していたが、今後は提案テーマを起案した企業と事務局とで事前によく議論して、実証実験で終わらせないためにどうしていくか、その見通しと出口戦略についてもこれまで以上にしっかりと準備してから進めていきたいと考えている。そのため、これまで以上にJR東日本が持つ課題やニーズについても提示していきたいと考えている。

もう一つは、これまでは実証実験そのものが主体であったが、第1フェーズでソリューションとして実装フェーズに入ったものについては、よりブラッシュアップしていくとともに水平展開およびスケーリングの可能性を探っていく。さらにマネタイズの視点にもフォーカスし、いわば育てていくフェーズにも取り組んでいく。

このようにＭＩＣ２・０では実装確率を上げるとともにでき上がったソリューションの展開を進める一方で、必要な点については実証実験の場にフィードバックしながら、よりモデルのクオリティーを上げていきたいと考えている。これをオープンイノベーションで取り組んでいくということで、これは取りも直さず、そのプラットフォームとしてのコンソーシアムをレベルアップしていくということである。

これまでのＭＩＣの活動で得られた、課題の発見・アプローチ方法、検討手段、実験方法といった、現在参加者が手にしているノウハウは、簡単に他が模倣できるものではない。これらが集約される、このコンソーシアムという新たな「試み」と「場」をＭＩＣ２・０ではさらにレベルアップして、社会変革につながる要素を生み出していけるレベルにまで引き上げていきたいと考えている。

ステコミメンバーが語る

「MICが5年間で創出してきた価値と、今後の期待について」

JR東日本が主導し、社会課題や次代の公共交通について、交通事業者と各種の国内外企業、大学・研究機関などがつながりを創出し、モビリティ変革を実現する場として設立されたモビリティ変革コンソーシアム（MIC）は参加企業が100社を超える、国内初の大規模かつユニークなエコシステム型オープンイノベーションとして5年間活動してきた。2023年3月末で一つの区切りを迎え、2023年4月からは「MIC 2.0」として新たな一歩を踏み出す。

そこで、MICが実証してきた課題解決の新たなアプローチや、社会に提供してきた価値などについて、ステアリングコミッティに参画した委員の2人に語っていただく。MICのこれまでの活動を振り返るとともに、2023年から始まるMIC 2.0への期待などを聞いた。

日立製作所
フェロー
西野壽一氏

略歴：1980年、日立製作所に入社、中央研究所に入所。2002年、同社中央研究所長に従事。2011年、同社執行役常務 戦略企画本部長に従事。2013年、同社執行役専務 CSO（Chief Strategy Officer）戦略企画本部長に従事。2015年、同社代表執行役 執行役副社長 CSOに従事。2018年、同社代表執行役 執行役副社長 兼 三菱日立パワーシステムズ取締役会長に従事。2020年、同社代表執行役 執行役副社長 兼 日立ABBパワーグリッド社 取締役会長（現日立エナジー社）に従事。現在に至る

日建設計
エモーションスケープラボ
ダイレクター
安田啓紀氏

略歴：東京大学大学院工学系研究科都市工学専攻修士課程修了。日建設計内に2013年に領域横断型デザインチームNikken Activity Design Labを、2021年にエモーションスケープラボを設立し、イノベーションプロジェクトに携わる。人々の情動に着目することで、言葉にし難い課題やニーズを導き出し、分野や領域を超えた未来の新たな価値づくりに取り組む

——ＭＩＣを立ち上げた当初、この活動に期待されたことは何でしょうか。

西野　オープンイノベーションの事例は他社にも見られますが、ＭＩＣは当初からスケールが大きいと感じました。エコシステム型という切り口も斬新で、期待は大きかったと言えます。

参加メンバーは企業だけでなく、大学や公共団体などを含めて１００を超え、世界的に見ても大規模で先進的な取り組みになっています。

ＭＩＣを主宰するＪＲ東日本は、自社の事業性にこだわらず、オープンなマインドで活動を推進していきました。そのおかげで様々な企業や団体がそれぞれの個性を発揮し、期待した通りのダイバーシティが発揮されていると感じます。ステアリングコミッティでも、自由かつ多面的な議論が進みました。こうした運営体制が、多くの有意義な成果につながっています。

安田　広域にわたって日本の交通インフラを担うＪＲ東日本がイノベーションに挑むと聞き、社会に大きな影響を与える活動になるだろうと思いました。人の暮らしや国の成長につながるという、大きな期待感がありました。

また、「先が見えなくても、まずはやってみよう」という精神で取り組むと聞いて、非常に興味深く感じたものです。既存の技術をどう生かすかではなく、未知の課題に試行錯誤で取り組む姿勢は、新鮮かつ魅力的なアプローチです。

「やるからには何らかの形で社会実装につなげていく」という方針も、非常に挑戦的だと思いました。どんなに小さな規模でも、しっかりと実行に移していく行動力は、他社で行われている様々なイノベーションへの刺激になるはずです。

――MICは旗印の設定や新型コロナウイルス禍にともなう方針転換などにより、想定外の環境変化を乗り越えてきました。5年間の活動で印象的だったエピソードはありますか。

安田　私としては、感染症で都市活動の根幹が変わるわけではないと考えており、感染症への対応を個人レベルの行動に落とし込むのではなく、病院なども含めた社会システムで対応すべきだと考えています。とは言え、コロナの影響でMICの活動は影響を受けたことは否定できません。社会環境が変化したせいで、MICの取り組みも方向修正を迫られました。

例えば、通勤や通学が著しく減って駅やまちに人がいなくなり、MICの大きなテーマの1つだった「混雑緩和」の取り組みが頓挫しました。その後、スマートシティ関連技術を活用した個別課題の解決ではなく、ウェルビーイングという価値創造に到達したことが大きな変化だと思います。

しかし、コロナ禍によって「混雑」という課題そのものが無くなったわけではないと私は考えています。実際、コロナ禍が落ち着いてくるに従い、通勤や通学が重なると局所的な混雑が見られるようになってきました。いちど軌道修正はしましたが、MICで取り組んできた混雑緩和の議論は、再び重要性を増してくると思います。

私がもう一つ気になっているのは、旅行需要の動向です。

コロナ禍で新幹線や特急の乗車率が下がりました。従来の観光政策はインバウンドを中心に議論されることが多かったため、打つ手無しの状況に陥った時期があったと思います。しかし、今後はインバウンドだけでなく、国内と海外双方の観光需要に注目した課題解決が求められていくはずです。また、都市と地方という二元論に終始せず、地方と地方の多面的な交流を含む議論が増えていきます。MICへの期待はますます高まるでしょう。

例えば、MICの「駅から始まるスポーツのまち」のような取り組みでは、まちに滞在してもらうための技術開発をテーマに進めていました。また、「B.B.BASE」（「BOSO BICYCLE BASE」）を使って自転車で房総半島を訪れてもらう取り組みでは、現地の様々な観光資源の活用を促す多くのアイデアを実証できました。MICならではの自由な発想によるイノベーションにつながったと思います。

西野　私は地域エコシステムのオープンイノベーションを実現できたという点が印象的です。MICではJR東日本の各支社が抱えている喫緊の課題を持ち寄り、正面から取り上げてきました。

例えば、東日本大震災によって分断されてしまった気仙沼線と大船渡線での取り組みです。宮城県の柳津駅と気仙沼駅の区間、気仙沼駅と岩手県大船渡市の盛駅の区間では、鉄道の復興に時間がかかることから、BRT（バス高速輸送システム）による仮復旧という形が取られていました。ここをフィールドにして、地域のモビリティ課題を解決する自動運転の実証実験を行ったわけです。人口が減少している地域や、鉄道の敷設が難しい地域でモビリティを確保する。その一つの施策として、有力な解答が得られたと感じています。私も現地でモビリティの新たな可能性を実感しました。

千葉県の海浜幕張駅で実施した混雑緩和の取り組みや、同じく館山市の観光活性化の取り組みも極めて印象的です。「モビリティと特定の場所や地域の価値を結びつける」というコンセプトは、斬新な視点でした。移動によってその地域の人口が一時的に増えることは「滞在人口」という経済学的に重要なコンセプトであり、これから注目されていきます。MICはその出発点になったといえるでしょう。

――MICのようなコンソーシアム活動は、国内でも徐々に増えています。そんな中で、MICならではの特徴はどこにあるとお考えでしょうか。

安田　大きな特徴の1つは、活動自体がエコシステムとして機能している点です。異分野の企業や組織が参画し、自分の専門領域を超えて自由に発言できます。運営側がそうした取り組み方を許容している点が大きいと思っています。

ステアリングコミッティでも、参加者が率直な意見を交わしています。専門領域を超え、立場も関係なく発言できます。それが許される場を提供している会議運営が、MICの大きな特徴になっています。

もう一つの特徴は、交通インフラ企業が主催していることです。交通インフラには、実に多彩な分野や立場の人が関わっています。平日と休日で正解が違ってくるなど、1つの正解ですべてをカバーできない難しさがあるのも、交通インフラの特徴だと思います。

例えば、早く到着すれば良いかというと、一概にそうとは言えません。早く行きたい人もいれば、道中を楽しみたい人もいます。人によって正解が異なる中で議論している点が、MICの大きな特徴です。

マクロとミクロの視点で課題設定にズレが生じるような、難しいテーマが多いこともユニークな特徴といえます。

例えば、活動初期の頃から「回遊性」の話が出ていました。回遊性という概念も、まちをマクロに見たときは、大きな人の群れがまちを回っているように見えます。しかし、1人ひとりをミクロにとらえると、ある目的に向かって移動しているだけなのです。それがたくさん重なったものが、回遊性と呼ばれている。とすれば、マクロとミクロで正解が変わってくる可能性があります。マクロとミクロを行き来しないと問題の本質をとらえられない。そんな難しさに挑んでいる点が、MICの大きな特徴でしょう。

西野　大きく3つあります。1つ目の特徴は、カバーする地域の広さと課題の多様さです。インフラの課題は、地域性によって正解が変わってきます。MICの取り組みにより、そうした難しさが立体的に見えてきたことは大きな成果でしょう。これには、主催者であるJR東日本の事業の公共性が大きな背景になっており、他の企業ではなかなかできない取り組みです。

2つ目は、JR東日本の存在です。経済とは、大きな枠組みで成り立っている部分と、地域経済圏で成り立っている部分があります。一方は鉄道や自動車といった広域なロジスティクスであり、もう一方は地域内の人の移動です。その意味で、JR東日本という交通事業者がキーメンバーになっていることの価値は高いといえます。

例えば、コロナ禍によって広域な移動が制限されると、MICは地域経済圏に注目し、「人の生活を豊かにする」という文脈でモビリティの新たな価値の創造を模索しました。交通事業者でなければ生まれにくい発想だったと感じます。
3つ目は、実証実験で確立された成果を実際に社会実装している点です。これは、MICならではの特徴です。高輪ゲートウェイ駅では、MICで実証された複数のAIシステムなどが実用化されています。

――MICが社会や産業、生活者にもたらした価値にはどのようなものがあるとお考えですか。

西野　交通インフラにとって、安全、安心、快適さのような価値は重要ですが、それだけではないはずです。MICの取り組みでは、そこに「うれしい」や「楽しい」といった、生活者の視点による大きな価値を加えました。横浜駅で実証したヘルスチェックのサービスなどは、駅の利用者でとてもにぎわいました。生活者を魅了する価値を提供できたと思います。
もう一つは、駅が提供する価値の多様化に貢献したことです。健康づくりのような観点や、小さい子供を連れたお母さんが授乳できる設備など、多種多様なアイデアが自由に議論されました。また、コロナ禍で人が移動しなくなると、都心部でも経済圏に変化が現れます。MICは駅が食品や生活用品の購買を含む重要な生活圏になるという、大きな価値を実証できたと思います。

安田　MICの様々な実証実験によって技術実装の可能性が見えてきましたが、社会に価値を提供し、それを生活者に広げていく活動は、これからだろうと考えています。どうすればMICの価値を生活者にまで広めていくことができるか。そうした議論が重要になってくるでしょう。

ＭＩＣがこの5年間で生み出した大きな価値は、交通インフラのような多くの人に関わる課題にアプローチするための、1つの型を示せたことです。その手法が社会や産業界に広まっていくことには大きな意味があります。それが実現されたとき、生活者にも大きな価値がもたらされると思います。

――ＭＩＣの活動は2023年3月末で1つの区切りを迎え、2023年4月から第2章が始まります。新生「ＭＩＣ2・0」は、どのような場や活動へ発展していくべきだとお考えでしょうか。

西野　1つは、テーマ勉強会を通じた課題の共有と自由な会話を今後も続けていくこと。もう一つは、実証実験のフィールドを引き続き積極的に提供していくことが重要だと考えます。ＭＩＣが面白い成果を出せている大きな理由は、ビジネスアイデアを実地で試せる環境があるからです。これをぜひ維持してほしいです。

また、当初はＪＲ東日本のベンダーに近い企業がたくさん集まった印象が強かったのですが、現在では異分野の企業や団体が数多く参加し、真の意味でエコシステム型になってきたと感じます。この人脈はＭＩＣの大きな財産ですから、ＭＩＣ2・0でも大切にしてほしいポイントです。

5年間の活動で急速に具体化してきたテーマがありますので、その実証を進めていくことも重要です。例えば、メタバースの活用や新しいデジタル決済の話は、この5年間で一気に具体的になりました。こうした新しいテーマが、ＪＲ東日本のサービスとして社会に出ていくことを、多くの消費者が期待していると思います。

安田　これから先、MICがやるべきことは2つあるだろうと思います。

1つは、まだ議論しきれていない課題をしっかりと議論していくこと。もう一つは、MICの価値を社会や生活者にどう広めていくか考えることです。

生活者に広めていく方法を考える過程で、生活者側のニーズはより明確になってくるでしょう。そこから、モビリティに関わる新たな課題を見つけ出すこともできるはずです。

例えば、これまでの取り組みにおいて、ロボットやAIによる自動化の実証実験はかなり成功しています。しかし生活者から見て、それらは親しみやすいサービスになっているでしょうか。駅を利用する人が自発的に近づき、コミュニケーションを取りたくなるようなロボットになっているでしょうか。

そこで、例えば「感性」の領域を研究しているような学者や企業に参加してもらい、人とロボットの関係をより豊かにするようなイノベーションを進めていくと、単に今ある業務を自動化するということだけでなく、その先にある人とロボットの協調を含めた次のステージに進めると思います。


――MICのようなエコシステム型のオープンイノベーションの重要度が増しています。こうしたエコシステム型オープンイノベーションは、今後どのように活動していくべきでしょうか。社会や産業、生活者にどのような影響を与えていくでしょうか。

安田　私は様々な企業の方と話をしますが、「何をしてよいか分からない」と言われることが少なくありません。

例えば、「商業施設は今後、どうなるのでしょうか」と聞かれます。難しいです。なぜなら、これは一見、商業施設のことを問われているように見えて、実は「生き方そのもの」や「ウェルビーイングとは何か」といった、根源的な問いにつながっているからです。そこに注目しなければ、課題の設定ができません。近年、そうした難しい課題が増えているように思います。

そんな中で、MICは「ウェルビーイングをどう生み出すか」といった根源的な問いに対するアプローチ方法を示しました。こうした課題に挑むには、MICのようなエコシステム型のオープンイノベーションが有効なアプローチの1つとなります。

MICはウェルビーイングという根源的な問いに「課題の背景にある顕在化しにくい問題に迫る」というアプローチで答えを見つけられる可能性を示しました。これは、特にインフラや地域社会に近い課題でのアプローチに有効だと感じています。

例えば、BRTの自動運転を実証するとき、地域住民の方から「地域で最も大事にされている生物を驚かせないようにしてください」と言われました。私は「これは大変な課題に直面した」と思ったものです。地域社会の課題を考えるとは、そういう要素も加味するということですから。地域住民の中には、自動運転バスより生物の方が大切だと考える人もいる。そういう人の期待を裏切って何かを実現しても、ウェルビーイングにはつながりません。

このような背景に潜む課題にどう対処していくか。技術的な解決だけでは済まされないのが、インフラや生活圏の話です。そこに真正面から取り組んでいるMICの重要性は、今後ますます高まっていくでしょう。

西野　エコシステム型のオープンイノベーションは、今ではMIC以外でも行われています。内閣府の「Society 5.0」が掲げるようなテーマは、もちろんMICも取り上げていますが、他企業が取り組むイノベーションにもだいたい含まれているわけです。

そこで、今後のMICにとって重要になるのは、商工会議所や観光協会、NPOのような公共的な民間組織が抱えている課題を共有することだと考えます。こうした組織が、今後、エコシステムの重要なメンバーになっていくでしょう。彼らと議論することにより、様々な課題が具体化するでしょうし、解決につながるヒントも得られていくと考えます。

その先に求められるのは、国や行政への「政策提言」という視点です。民間の企業や団体がエコシステム型オープンイノベーションで取り組んでいるだけでは限界があります。今後のMICの活動において、「政策提言」が1つの出口になると想定しています。その方向で、アカデミアや経済団体などとも連携していく必要があるでしょう。

欧州では、アカデミアと業界が一体になって政府に政策提言をするケースがよく見られます。日本でも、そうした活動を進めていくべきではないでしょうか。

3 エコシステム型オープンイノベーションが切り開く社会・産業変革

今日直面している社会課題の解決や新たな生活者価値の創出のためには、既存の業界の枠を超えたエコシステムが重要となる。本書では、そのような新世代のオープンイノベーションに取り組んできたMICの事例を紹介してきた。

しかし、エコシステムを活用した新世代のオープンイノベーションはモビリティ分野だけではなく、より広い分野・領域に適用できるアプローチである。ここでは、日本やさらには世界が直面していく社会課題のいくつかを例にして、それらに対するエコシステム型オープンイノベーションの貢献可能性を考察したい。

世界が直面していく社会課題への貢献可能性

ここでは、地球温暖化が懸念される中での地球レベルの課題としての①脱炭素の実現、少子高齢化が進む中での産業レベルの課題としての②労働力不足への対応、QoL（クオリティー・オブ・ライフ）が重要視される中での個人レベルの課題としての③ウェルビーイングの実現を取り上げる。これらは社会課題のごく1例であるが、いずれもあらゆる業界に関係する話である。

①脱炭素の実現

言うまでもなく、脱炭素は世界レベルで重要なアジェンダとなっている。そして、それは単なる義務対応としての話ではなく、「これからも選ばれ続ける企業」になるために、あらゆる産業に求められていることでもある。

しかし、脱炭素の実現は容易ではなく、特定業界だけでできることには限界がある。例えば、脱炭素の文脈でEV（電気自動車）が語られることがあるが、EV単独では脱炭素への貢献には限界がある。

真に脱炭素に貢献しようと思えば、当然のことながら電源側の脱炭素も必要であり、再生可能エネルギーはその一手である。しかし、再生可能エネルギーは時間帯や気象条件などによる変動性が高く、電力系統にとっての調整負荷もある。となると、いかにして充電タイミングを最適化すべきか、そのエネルギーマネジメントの在り方も考える必要がある。

さらに、電力の供給側だけですべてを調整仕切れるわけではない。そこで、例えば業務で使用するEVにおいてはフリートマネジメントの進化も必要であり、さらに言えば物流全体としてのオペレーションシステムの進化も必要となる。

このような動きに先行的に取り組んだ事例としてはドイツのダイムラーらによる「eDrive@VAN」がある。これはEVだけではなく、インフラ管理や車両管理までを連携した総合ソリューションの実証実験を目指したものだ。ここでダイムラーは充電管理に取り組む米チャージポイントや米アマゾンロジスティクスらと連携し、実証を進めてきた。

つまり、脱炭素の実現に向けては、車両からの二酸化炭素の排出をゼロにできるEVだけでなく、エネルギー、充電器や充電ステーション、ITシステム、業務システムなどのエコシステム構築が重要であり、エコシステム型オープンイノベーションが貢献できる領域である。

②労働力不足への対応

労働力不足は世界的な課題であり、特に少子高齢化が進んでいる日本が世界に先行して直面している課題の1つである。生産性の維持は製造業現場だけでなく、サービス業現場においても大きな課題となっている。

このために注目されているテクノロジーにロボットの活用がある。従来からある製造現場への適用だけでなく、近年はビル内における見守りや案内、物品配送などの開発も進められている。しかし、人とロボットを分離しやすい製造現場とは異なり、人が行き交う生活の場におけるサービスロボットの導入は容易ではない。生活空間は人のために設計されている。ロボットにとってはエレベーターのボタンを押すことも難しく、また意匠性に優れたガラスの仕切りを視認することも難しい。これらすべてに対応しようと思うと、ロボットの開発コストはうなぎ登りになり、結果として社会実装も進まない。

そこで必要となるのがエコシステムとしての考え方だ。ロボットだけでは現実的な解決が困難な前掲の課題に対して、ロボット単体に加え、それを取り巻く環境側での連携で解決を目指す。例えばエレベーターとロボットが情報連携できるようにする。また、天井の監視カメラ映像やビルの設計データをロボットにとっての地図にする。さらに、ビル施設の設計思想自体にロボットと人の共存という観点を組み込む。このようにロボット側と環境側が有機的に連携したエコシステムが、サービスロボットの社会実装のポイントである。

このようなエコシステム形成事例は日本国内に先行例がある。その名も「ロボットフレンドリーな環境整備」であり、2020年から経済産業省の支援の下でロボットメーカー、エレベーターメーカー、通信企業、不動産企業、設計会社など幅広い業界企業がエコシステムを構築し、ロボットと人が共存しやすい社会に向けた実証開発とルール検討に取り組んでいる。

③ウェルビーイングの実現

QoL(クオリティー・オブ・ライフ)の重要性の認識が高まる中で、様々な企業がいわゆる働き方改革や健康経営などに取り組んでいる。また、アフターコロナとして働く場そのものの在り方が問われる中で、オフィスをいかに健康的かつ創造的な場にするかは今後ますます重要になるだろう。しかしながら、オフィス環境と健康・創造性はどう関係するのか、それらは意図的にコントロール可能なのか、また、そもそもオフィスはどのような場であるべきなのか。容易に答えが見つからない問いばかりである。ここでもエコシステムの考え方が参考になる。

先行的に取り組んだ企業としてダイキン工業らにおける「未来のオフィス空間」に向けた活動が挙げられる。ここでの実証実験の座組みが興味深い。一見すると競合にも思える空調設備メーカーに加えて、オフィス家具メーカーが参画する。さらにはIoT関連ソリューションベンダーや保険会社がストレス度や集中度などの計測・分析に取り組む。また、オフィスはオープンスペース/人の交流としての側面があるが、この観点から飲料メーカーが新たな飲料提供の創出を目指すなど、多様なプレーヤーが参画している。つまり、人を起点として生活空間を多面的に捉えた連携体制の下で、目指すべき価値基軸とソリューション開発、評価計測手法の開発を一気呵成（かせい）に進めていくことで、社会実装に向けたパスを作る。このようなアプローチは今後他の分野・領域でも重要になるだろう。

以上、いくつかの社会課題を例にとって、エコシステム形成を活用したオープンイノベーションの貢献可能性について述べた。しかし、ここで言及した課題はあくまでも例示にすぎない。また、そのエコシステムの構成要素も上記がすべてというわけではない。

お伝えしたいことは、従来別々だった業界が社会課題解決のもとで新たなネットワークとエコシステムを構築し、新しい社会価値の創出に取り組めるということである。換言すれば、エコシステム型オープンイノベーションにより従来の産業区分に閉じない産業変革を実現し、結果として社会変革を実現するということである。

大げさに聞こえるかもしれないが、これはどこか違う遠くの産業の話ではない。今日の社会・産業の変革期においては、本書を手に取っていただいた皆さまの業界にとってもどこかで必ず関係してくる話としてご認識いただきたい。

エコシステムを企業変革の中核に

さらに言えば、この新世代のエコシステム型オープンイノベーションは企業変革（コーポレート・トランスフォーメーション）そのものでもある。つまり、外との関係性を変革するとともに自己の変革を進めることがその本質でもある。

エコシステム型オープンイノベーションは従来の産業区分を超えた取り組みである。社会課題の解決などの新たな価値創出に向けて、様々な企業がその産業区分を超えて共創する。この「産業区分を超えて」というのがポイントだ。つまり、エコシステム型オープンイノベーションに取り組むことは、「自社の本質的な存在価値は何なのか」という問いに向き合うことでもある。

日本の会社はその祖業の商品名を自社の社名に含む企業が多い。例えば、○○自動車、○○鉄道、○○食品など、例を挙げればきりがない。このような背景もあるのか、「あなたは何の会社なのか」という問いに対して「自動車を造る会社」「鉄道事業を営む会社」「食品を届ける企業」などといった答えがあがりがちである。しかし、そのような自己認識のままでは従来の産業区分にとらわれてしまい、既存の枠を超えた取り組みは難しい。つまり、エコシステム型オープンイノベーションによる大きな価値創出可能性とその機会を見失いかねない。

そこで必要なのは、自社を価値の言葉で表現し直すことだ。〝パーパス（存在意義）〟が経営としての重要アジェンダになってきているように、大きな社会環境変化の中で、自社の本質的な存在価値を再定義することが改めてあらゆる企業に求められている。そして、その存在価値を最大限に発露するためのエコシステム形成を考える必要がある。

ＪＲ東日本では、ＭＩＣの立ち上げを表明した２０１７年に開催した「JR-EAST Innovation 2017」の中で「Mobility as a Social Platformとしての ＪＲ東日本」という表現を掲げていた。つまり、自社の存在感は単に鉄道会社というだけではないし、当時はやり出していたＭａａＳという言葉をそのまま追うだけでもなかった。モビリティが変わることで社会システムを変えていく。そのような自己の再認識がエコシステムを考え直す契機となり、ＭＩＣへとつながってきた。そしてその活動を通じて、ＷａａＳなどの新たなコンセプトを創出するまでに至った。

また、加えて重要なのは、エコシステムを通じて互いに互いのトランスフォーメーションを加速しうるということだ。ＭＩＣの参加企業の顔触れを見てみると、これまで鉄道設備や鉄道システムを提供していた企業や、鉄道向けにデータやコンテンツを提供していた企業なども参加していた。これら企業にとっては従来ながらのＪＲ東日本との付き合いだけでは、いつまでも「鉄道向け〇〇の会社」という自己認識であったかもしれない。しかし、ＭＩＣという場において、鉄道という枠を超えて将来のモビリティに向けて取り組んだ経験は、各社にとっては自社の提供価値を改めて再考する機会でもあっただろう。つまり、参加プレーヤー全体で将来のモビリティを考えることで、互いに影響を及ぼしながら、モビリティ変革の在り方とそれに向けた自社の新たな提供価値を見いだしてきたともいえる。

このように、互いに互いのトランスフォーメーションを加速する場としてのエコシステムの可能性は別産業でも見受けられる。例えば、広島に本社を持つ自動車メーカーのマツダらと広島大学は２０１８年、新たな産学連携として学内に「デジタルものづくり教育研究センター」を新設することを発表した。自動車業界にとって設計開発などのデジタル・トランスフォーメーションは今後に向けた重要テーマだが、得てしてデジタル人材の不足が推進のボトルネックとなる。一方、若年層人口の減少の中で地方大学は自らの役割を再考する必要に直面している。

この構図の中で、本事例の肝は、大学が地元企業の経営課題を理解したうえで（社会人教育を含めた）デジタル人材の教育に取り組みだすことで、企業のデジタル化が推進されると解釈できる。つまり、単に共同研究をするだけの場ではなく、企業・大学の双方におけるトランスフォーメーションが加速される場である。このように、エコシステム形成は互いに互いのトランスフォーメーションをも加速しうる。

自社の存在価値の再定義を契機にエコシステムを形成し、その実際の活動を通じて自社の存在価値をさらに磨き続けること。また、エコシステムの参加プレーヤーと相互に影響を及ぼし合うこと。それは、これからの時代における企業変革に他ならない。換言すれば、エコシステム型オープンイノベーションとは社会変革（ソーシャル・トランスフォーメーション）・産業変革（インダストリアル・トランスフォーメーション）・企業変革をつなぎ、それらを加速していくものであろう。

少子高齢化や失われた30年などという日本が抱え続けている社会課題・産業課題、また、その中で古くなった業界区分やその中での成功体験にとらわれがちな日本企業。新世代のエコシステム型オープンイノベーションに取り組んだ我々ＭＩＣの試行錯誤が、皆さまにとっての変革や新たなエコシステム形成の後押しとなり、それらが互いにつながりながら日本としてのトランスフォーメーションにつながっていけば、著者一同として望外の喜びである。

おわりに

時間が過ぎるのは速いもので、２０１７年からひとまず5年の期間と限定して始まったモビリティ変革コンソーシアム（ＭＩＣ）の「オープンなエコシステムによる社会課題の解決」の活動も終わり、フェーズ２ともいうべき、次の新たな取り組みが始まろうとしている。

フェーズ１では、社会や産業のｈｏｗとｗｈａｔの両方で起きているパラダイムシフトに対しての一種の危機感や焦燥感が取り組みのきっかけとなった。すなわち、イノベーションの創出の在り方の変化（どのように生み出すか：ｈｏｗ）と「移動の価値」と「企業の提供価値」の変化（何を生み出すか：ｗｈａｔ）を捉え踏まえた「オープンなエコシステムによる社会課題の解決」という取り組みへのチャレンジである。では、フェーズ２ではどのような大局観や問題意識を捉え踏まえるべきだろうか。

まずは、本コンソーシアムでもフォーカスしている〝個〟（生活者、ウェルビーイングなど）を中心に考えるという視点ではどうだろうか。振り返ってみると、産業革命は分散化の歴史でもある。蒸気機関が発明された後、内燃機関やモーターができ、パワーの分散化が進み、次にコンピューターができて、コントロールの分散ができるようになり、最近はエネルギーの分散も可能になった。集中ではなく、分散化を進めながら社会は発展してきた。ＩＴの歴史を見ても、メインフレームからパーソナルコンピューター、さらにはモバイルとエッジコンピューティングが急速に進化している。分散化を通じ、〝個〟にパワーがシフトしていくことで、変革が進むという歴史を私たちはたどってきた（第1章参照）。

社会課題の解決においても、〝個〟のチカラの貢献をますます考えていかなくてはならない。社会基盤を創造する主体の力点を、〝公〟（公共や官庁などの役所）から〝民〟（民間企業やNPOなどの団体組織）、さらには〝個〟まで広げていくという発想である。すなわち、個を「消費者やユーザーや生活者」としてだけで捉えるのではなく、公共事業体や民間企業と同様に、「社会や産業を創造し貢献する主体」と捉えることである。個のチカラを活用（するプラットフォームを構築）し、生活者たる個と一緒になって、よりよい社会を構築していく時代という感覚である。

「マンホールや道路損傷の通報アプリ」や「住民同士の助け合い精神を生かした共済型のモビリティプラットフォーム」、あるいは、「地元コミュニティーでのモノの売買やお助け求むのアプリ」などは、すでに起きている未来といえる。また、個と民の境目の存在、すなわち〝個人事業主〟や〝専門家〟、および、それらと〝志を同じにする協力者〟による「小さなエコシステム」をどう生かしていくのかも重要な視点となろう。

それでは、「サービスの受益者としての個」が求めるものは何だろうか。異常気象に伴う規模と頻度がますます増大する台風や洪水、さらには震災。年々発生のサイクルが短くなる感染症（コロナはその1つに過ぎない）に対する日々の暮らしの中での様々な対処や気配り、そして、デジタルがもたらす、情報にあふれた、ともすれば心を揺さぶる扇情的な環境（SNSとの関わり合い方などが最近の事例だろう）など、人々が生活をする日常の心の〝安寧〟への取り組みが重要になる。

ボクサーでいえば、風邪や病気に疾患しないようにする、拳や脚を痛めないようにするという特別な事象への対処だけでなく、日々の体重の増減といった日常活動そのものへの細かく念入りな気配りといったところだろうか。発生確率が少ないがインパクトの大きい事象だけでなく、日常的に発生しうること（異常事象の日常化したものも含む）への細やかな対応、および、これまでの〝安全〟〝安心〟から一歩進んだ、日々の生活における「個」の感情に寄り添う、〝安寧〟への取り組みが求められるのではないか。

また、最も重要な視点となるのが、日本の社会インフラに対して、抜本的な考え方の変換が求められる時代が到来するということである。高齢化が進み、人口ボーナス期からオーナス期に入り、あらゆる側面で社会を支える「仕組みそのもの」を変えていかないといけない時代に突入する。インフラの耐用期間などといったハードの問題と比べて、目に見えないソフトな問題、「社会のインフラをどうつくり運用していくか」という「アーキテクチャー（考え方や仕組みそのもの）による抜本的な変革」は、より困難なチャレンジといえる。モビリティに限らず、今のアーキテクチャーのままでは、そもそも社会が成り立たなくなっていくという、より根本的で、かつ、見え難い課題に対する取り組みである。

２０２２年はくしくも鉄道開業１５０年であった。まさに１５０年前の取り組み「国土の交通インフラ構築により社会産業生活の大きな変革と発展を創造した」のと同等かそれ以上の社会基盤の変革に対峙した取り組みが必須となる。その取り組みが可能なのは、ＪＲ東日本、および、本コンソーシアムでつながり、生活者目線にて社会課題の解決を共に試行錯誤し、大いなる学びと経験を共有した皆さま方との連携であると信じている。

本書にてコンソーシアムの歩みを振り返ることができたのも、ひとえに入江洋様をはじめとするＪＲ東日本の皆さま方の嚮導（きょうどう）によるものである。自身として改めて振り返ってみると、社会課題の解決に資するイノベーションの在り方を追求しながら、同時に、エコシステム・コンソーシアムをリードあるいはそれに参加する企業がいかに利益を上げ、持続的に成長していけるのかという根源的な問いにさいなまれた5年間だった。また、２０１７年のコンソーシアムの説明会やパネルディスカッションなど、立ち上げ期には前面に出たが、いったん走り出してからは、コンソーシアムの運営事務局、参加企業、ステアリングコミッティなど関連する皆さまのサポートなど、裏方に徹した5年間であった。
最後に本コンソーシアムに関係した皆さまに感謝の意を申し上げ、引き続き、多くの方々とつながり連携し試行錯誤しながらも、社会や産業や生活者の希望に満ちた未来に貢献していければ幸甚である。

アーサー・ディ・リトル・ジャパン株式会社
マネージングパートナー日本代表

原田裕介

Teece, D.J. (2007) **"Explicating Dynamic Capabilities: The Nature and Microfoundations of (Sustainable) Enterprise Performance", Strategic Management Journal, Vol.28,** pp1319- 1350

Teece, D.J., Pisano, G., Shuen, A. (1997) **"Dynamic Capabilities and Strategic Management", Strategic management journal, Vol.18, No.7,** pp509-533

Barney, J.B.(2002) **"Gaining and Sustaining Competitive Advantage", Prentice Hall(岡田正大訳、『企業戦略論【上・中・下】』**、ダイヤモンド社

二村敏子(2004)**『現代ミクロ組織論』**、有斐閣

モビリティ変革コンソーシアム Future Lifestyle WG事務局(2022)**『WaaS(Well-being as a Service)モビリティ変革コンソーシアムによる「スマートシティへの挑戦」』**、LIGARE

山倉健嗣(1993)**『組織間関係』**、有斐閣

第6章

アーサー・ディ・リトル・ジャパン鈴木裕人、三ツ谷翔太 (2021)**『令和トランスフォーメーション ―コミュニティー型社会への転換が始まる』**、日経BP

経済産業省、国立研究開発法人 新エネルギー・産業技術総合開発機構、アーサー・ディ・リトル・ジャパン (2020)**『ロボット実装モデル構築推進タスクフォース 活動成果報告書』**

JR EAST Technical Review No.61 (2018) **『「IoT・AI時代の社会課題への取組み」～Mobility as a Social PlatformとしてのJR東日本～』**

ダイキン工業他 (2018)**『「未来のオフィス空間」づくりをスタート』**

内閣府 (2018)**『地方大学・地域産業創生交付金パンフレット　キラリと光る地方大学へ　【特集1】広島県― デジタルものづくりでイノベーション立県を』**

マーク・グラノヴェター(2019)**『社会と経済:枠組みと原則』**、ミネルヴァ書房

Mercedes-Benz Group media (2018) **"eDrive@VANs strategy"**

参考文献

はじめに

モビリティ変革コンソーシアムホームページ（概要） https://www.jreast.co.jp/jremic/about.html

モビリティ変革コンソーシアムホームページ（会員一覧） https://www.jreast.co.jp/jremic/pdf/members.pdf

第1章

一般社団法人国際文化都市整備機構編アーサー・ディ・リトル・ジャパン原田裕介他（2021）『**Beyondコロナの都市づくり――Socio Ecological Development（SED）の時代**』、都市出版

Mori, K. (2014) **“Concept-Oriented Research and Development in Information Technology”**, John Wiley & Sons

第2章

Deutsche Bahn (2012) **"DB Vision 2020"**

第3章

東日本旅客鉄道（2017）『**「モビリティ変革コンソーシアム」の設立について ～オープンイノベーションによりモビリティを変革する場を創出～**』https://www.jreast.co.jp/press/2017/20170903.pdf

モビリティ変革コンソーシアムホームページ https://www.jreast.co.jp/jremic/

第5章

入江洋（2015）『**民営化企業の経営戦略と組織変革―東日本旅客鉄道株式会社の事例から**』、交通新聞社

O'Reilly, C.A, Tushman, M.L. (2008) **"Ambidexterity as a dynamic capability: Resolving the innovator's dilemma", Research in Organizational Behavior, Vol.28,** pp185-206

Teece, D.J. (2009) **“Dynamic Capabilities and Strategic Management”**, Oxford University press

高安　英子（Eiko Takayasu）
2005年東日本旅客鉄道入社。
2022年よりイノベーション戦略本部にてモビリティ変革コンソーシアムのFuture Lifestyle WG運営を推進。
担当箇所：第4章「スマートサイネージによる公共空間の混雑解消」「エキナカ空間を活用した健康増進」

※上記の所属は2023年1月末時点のものである。

アーサー・ディ・リトル・ジャパン

マネージングパートナー日本代表、アジアヘッド、本社ボードメンバー
原田　裕介（Yusuke Harada）
社会・産業・技術の変化の本質を捉えた、企業変革を多数経験。近年は、産業を超えた新たな社会システムや事業モデル策定に関するプロジェクトに従事。入社以来、「イノベーションを継続的に創出する経営事業基盤の構築」と「自社の存在意義を踏まえた成長戦略の策定」に一貫して取り組む。
東京工業大学総合理工学大学院修士課程修了。米国マサチューセッツ工科大学（MIT）スローン経営大学院修了。同（MIT）技術＆政策大学院修了

パートナー
三ツ谷　翔太（Shota Mitsuya）
京都大学大学院工学研究科を修了後、アーサー・ディ・リトル・ジャパンに参画。テクノロジー＆イノベーション・マネジメント・プラクティスのコアメンバーとして、製造業やインフラ企業に対するイノベーション戦略の策定・実行支援や、官公庁に対する政策立案などに従事。クライアントと共に、社会変革・産業変革に取り組んでいる。主な著書に「令和トランスフォーメーション ―コミュニティー型社会への転換が始まる―」（日経BP）など。

マネージャー
菅　真央（Mao Suga）
大阪大学大学院理学研究科を修了後、アーサー・ディ・リトル・ジャパンに参画。インフラ企業や製造業、官公庁系機関など幅広い業種のクライアントを担当。支援内容は、新規事業戦略策定、イノベーション・エコシステムの形成に向けた戦略策定、時代変化を踏まえた技術戦略策定など、イノベーション領域を中心に従事。近年は、ウェルビーイングなど産業横断的なテーマに関する事業構想支援にも従事。

マーケティング シニアマネージャー
林　達彦（Tatsuhiko Hayashi）
技術系出版社にて、機械、IT、PC・デジタルガジェット、自動車の専門情報を企画・編集。戦略系コンサルティング会社において、モビリティサービスを中心とした新規事業の開発・企画、実証実験支援に携わる。2021年からアーサー・ディ・リトル・ジャパンに参画、マーケティングとADLモビリティラボを担当。
東京工業大学総合理工学研究科修了。テンプル大学Fox Business School MBA

※上記の所属・役職は2023年1月末時点のものである。

WG事務局

野村総合研究所
モビリティ変革コンソーシアムのFuture Mobility WG運営を推進。

日本総合研究所
モビリティ変革コンソーシアムのFuture Lifestyle WG運営を推進。

NTTデータ経営研究所
モビリティ変革コンソーシアムのFuture Technology WG運営を推進。

執筆者紹介

東日本旅客鉄道

入江　洋（Hiroshi Irie）

1991年東日本旅客鉄道（JR東日本）に入社。本社経営企画部、各支社で経営戦略や中長期計画の策定・推進、CSR、ESG経営推進業務等に従事。2020年より技術イノベーション推進本部（現イノベーション戦略本部）にて、モビリティ変革コンソーシアムの事務局長を務め、コンソーシアム全体運営を推進。

横浜国立大学大学院国際社会科学研究科博士課程修了　博士（経営学）

著書「民営化企業の経営戦略と組織変革」交通新聞社、「WaaS（Well-being as a Service）モビリティ変革コンソーシアムによるスマートシティへの挑戦」LIGARE

武藤　里美（Satomi Muto）

2000年東日本旅客鉄道に入社。本社運輸車両部、支社運輸部で、車両メンテナンス計画業務に従事した後、広報部、知財部門に所属。2018年より技術イノベーション推進本部（現イノベーション戦略本部）にて、モビリティ変革コンソーシアムのFuture Technology WG運営および全体運営支援を推進。

担当箇所：編集調整および第4章「群衆行動解析技術による駅周辺環境の行動最適化」「人とAIの役割分担による案内業務の効率化」「空飛ぶクルマの社会受容性の構築」

石原　一樹（Kazuki Ishihara）

2009年東日本旅客鉄道入社。

2019年より技術イノベーション推進本部（現イノベーション戦略本部）にてモビリティ変革コンソーシアムのFuture Mobility WGの運営および全体運営支援を推進。

担当箇所:第4章「新型コロナ禍におけるXRを活用した新たな観光体験の開発」

伊藤　史典（Fuminori Ito）

2003年東日本旅客鉄道入社。

2016年より技術企画部（現イノベーション戦略本部）にてモビリティ変革コンソーシアムの立ち上げを担当。その後、社会実装フェーズとなったBRT自動運転サブWGがプロジェクト化され現在プロジェクトを担当。

担当箇所:第4章「BRTの自動運転による持続可能な公共交通の構築」

飯野　正顯（Masaaki Iino）

2008年東日本旅客鉄道入社。

2022年より技術イノベーション推進本部（現イノベーション戦略本部）にて、モビリティ変革コンソーシアムのFuture Mobility WG運営を推進。

担当箇所:第4章「BRTの自動運転による持続可能な公共交通の構築」

廣瀬　巧大（Koudai Hirose）

2014年東日本旅客鉄道入社。

2019年より技術イノベーション推進本部（現イノベーション戦略本部）にてモビリティ変革コンソーシアムのFuture Lifestyle WG運営を推進。2022年6月よりモビリティ・サービス部門にて車両設計に従事。

担当箇所:第4章「スマートサイネージによる公共空間の混雑解消」「トレイン&サイクルを活用した地方の観光活性化」

浅見　謙一郎（Kenichiro Asami）

2016年総合電機メーカー入社。

2020年より東日本旅客鉄道 技術イノベーション推進本部（現イノベーション戦略本部）にてモビリティ変革コンソーシアムのFuture Lifestyle WG運営を推進。2022年11月帰任。

担当箇所:第4章「地域に即した駅を中心とした次世代街モデルの構築」「トレイン&サイクルを活用した地方の観光活性化」

日経クロストレンド

「新市場を創る人のデジタル戦略メディア」を編集コンセプトとして2018年4月に創刊した会員制有料オンラインメディア。テクノロジーがビジネス環境をどう変えるのか、そして、その先の消費トレンドはどう変わるのか、「デジタルで変わる企業と消費者の関係」を徹底的に取材し、マーケティング戦略立案の指針になる事例、新しいものづくりでのデータ活用法、ビジネスパーソンが知っておくべき消費トレンド情報を提供している。
https://xtrend.nikkei.com/

新世代オープンイノベーション
JR東日本の挑戦　生活者起点で「駅・まち・社会」を創る

2023年2月13日　第1版第1刷発行

著　者　東日本旅客鉄道 入江洋
　　　　アーサー・ディ・リトル・ジャパン 原田裕介
発行者　杉本昭彦
発　行　株式会社日経BP
発　売　株式会社日経BPマーケティング
　　　　〒105-8308　東京都港区虎ノ門4-3-12
　　　　https://www.nikkeibp.co.jp/books/
編　集　吾妻 拓（日経クロストレンド）
装　丁　小口翔平+後藤 司（tobufune）
制　作　關根和彦（QuomodoDESIGN）
印刷・製本　大日本印刷株式会社

ISBN　978-4-296-20158-7
Printed in Japan